Friedrich Ernst Mejer

Geschichte der Veste und des Stifts Comburg

Friedrich Ernst Mejer

Geschichte der Veste und des Stifts Comburg

ISBN/EAN: 9783743656321

Hergestellt in Europa, USA, Kanada, Australien, Japan

Cover: Foto ©ninafisch / pixelio.de

Weitere Bücher finden Sie auf **www.hansebooks.com**

Beiträge

zur

Geschichte von Comburg

von

Friedrich Ernst Mejer,

Rechts-Consulent in Hall.

Schw. Hall.

Verlag von Anger & Nissen.

Geschichte

der

Veste und des Stifts

Comburg

von

Friedrich Ernst Mejer,

Rechts = Consulent in Hall.

———— ✦ ————

Schwäb. Hall.

Verlag der Buchhandlung von Unger & Nissen.

———

Druck von Emil Schwend.

1867.

Vorwort.

Nur ein flüchtiger Blick in das von massiven Schutzmauern und Thürmen umrahmte Schloß Comburg, einer früheren adeligen Benedictiner=Abtei und späterem Ritterstifte, läßt die architektonischen Schätze ahnen, die hier von so manchem Jahrhunderte in größerer Anzahl zu finden sind, und wird zumal Derjenige von den Zeugen deutscher Vorzeit sich angeregt fühlen, welchem die Nähe seines Wohnortes eine tägliche Berührung auf so leichte Weise vermittelt.

So ging es dem Herausgeber mit seiner Arbeit, eine Privatstudie, die keinen Anspruch auf erschöpfende noch abrundende Darstellung macht.

Der Aufmunterung des Herrn Doctors A. Lorent in Mann= heim allein verdanken die Blätter ihre Existenz; in wiefern dieselben zur Information genügen, soll auch mit dem bescheidensten Maßstabe nicht ermessen werden; belohnt wird sich der Autor finden, wenn das Produkt von diesem verehrten Manne nicht verschmäht wird, dem Verfasser der „Denkmale des Mittelalters im Königreiche Wirtenberg," dessen spontane und interessante Leistungen nach ästhe= tischer wie bildlicher Richtung bereits von der Wissenschaft anerkannt sind, und wodurch die herrlichsten Antik=Arbeiten des Vaterlandes in präcis verwirklichter Anschauung dem vernichtenden Zahne der Zeit entzogen, dem Kunstleben auf immer gerettet erscheinen.

Eine geschichtliche Uebersicht von Comburgs Verhältnissen bis in die jüngsten Tage ist nicht vorhanden, seit ohngefähr 120 Jahren durch den Druck nichts Zusammenhängendes veröffentlicht worden, mit Ausnahme einer vom verstorbenen Pfarrer Schönhut in den 1830er Jahren herausgegebenen, längst vergriffenen kleinen Bro= schüre, welche sich auf die Stiftungsurkunden der Abtei sammt Bei= lagen beschränkt, im Anhange eine etwas karge und lückenhafte Be= schreibung der Alterthümer und geistlichen Regenten liefert.

Mögen daher diese Beiträge in dem dargebotenen Sinne freundliche Aufnahme erfahren, die etwaige Kritik in's Auge fassen, daß mehr Ansichten und Conjuncturen, als absolute Behauptungen sich ausge= sprochen finden, nur ein Wegweiser für den Laien geboten werden wollte. **Der Verfasser.**

Inhalts - Verzeichniß.

Abschnitt I.

Aelteste Zeit.

Der Kocherfluß bildet vor dem Eintritte in das Weichbild der Stadt Hall bei dem Dorfe Steinbach eine Krümmung nach Osten und bespült den Grund eines, aus dem ringsumliegenden Gebirge hervortretenden Bergkegels, dessen Plateau vom Schlosse Comburg gekrönt wird, wodurch das tief und eng eingeschnittene Thal einen interessanten Abschluß erhält.

Nach Legenden soll diese Kuppe höher gewesen, durch theilweise Abtragung aber mehr Raum zu Wohnungen gewonnen worden sein; die steile und felsenlose, nur aufgeschüttetes Material enthaltende Ablagerung gegen Westen scheint auch diese Sage als wahrscheinlich zu bestätigen.

In die graue Vorzeit führt uns die Geschichte der Umgegend von Comburg, denn kaum eine Meile zwischen Popeurbis*), dem jetzigen Bubenorbis und Mainhardt führten die römischen Grenzwälle vorbei, deren Entstehung durch Kaiser Trajan, gestorben 118 Jahre nach Christi Geburt, eingeleitet und von dessen Nachfolger Hadrian fortgesetzt worden sind.

Schon zu Ende des 3. Jahrhunderts traten in dieser Gegend als Herren abwechselnd die Burgunder und Alemannen auf**), welche noch lange Zeit wegen den Grenzmarken und des

---

*) Nach Archivacten der Hospital-Verwaltung Hall hieß der Ort früher Popeurbis, im Besitze eines Lehensmannes Pope gewesen, da urbs vielfach für Besitzung oder Landgut gebraucht wurde, so möchte sich das Etymologische von selbst ergeben.

**) Stälin: württembergische Geschichte 1. Band. F, 122

1

Besitzes der Salzquelle von Hall, wie verschiedene Schriftsteller annehmen wollen, sich befehdeten.

Daher kam es, daß die römischen Herrscher unter Verbindung mit den Burgundern, die Alemannen öfters mit Krieg überzogen und auch in hiesiger Gegend mit ihren Legionen Lager gehabt haben sollen.

Am weitesten drang Kaiser Julian vor, indem derselbe, Jahr 359 bei Speyer über den Rhein ging, geleitet von dem Bundesgenossen König Hortarius, die Grenze der Burgunder und Alemannen, das Kocherthal bei Hall, wie Schriftsteller berichten, erreichte, um daselbst die Streitigkeiten, welche die Salzquellen verursacht haben sollen, zwischen den Fürsten der genannten Stämme, Macrian, Harioband und Vadomer zu schlichten.

Die Nachfolger von Julian auf dem kaiserlichen Throne Valentinian und Gratian waren die letzten, welche deutschen Boden im Jahr 378 betraten, sich mit den Streitigkeiten der Alemannen und Franken befaßt haben.

Ueber den Ursprung des Herzogthums Franken, auf dessen Gebiete wir uns bei den geschichtlichen Verhältnissen Comburgs allein befinden, berichten Chroniken=Nachrichten: „anno Domini 326, den 9. Aprilis, seynd die Franken mit Bewilligung der Thüringer den Rhein hinauf mit Weib und Kindern, allem ihrem Gesind und Fahrniß an den Fluß, Mayn genannt, da um die Stadt Würzburg stehet, gezogen, und solche Gegend nun francia orientalis genannt, zu einem Herzogthum und Gernoldbalbus, auch Genebold genannt, Clodomir des Franken Königs Bruder, als ihr erster Herzog verordnet worden, welche vormals ihre Wohnungen in Holland, Seeland, Friesland und Geldern gehabt."

„Anno Domini 697 hat Papst Leo die heiligen St. Kilian Tornanum und Collorat aus Schottland zu Götzbern, dem fränkischen Herzoge den christlichen Glauben in's Frankenland zu pflanzen verordnet, welche in Abwesenheit Herzog Götzbergen durch Angaben seines Kebsweibs seynd um christlichen Glaubenswillen Gemattert und Enthaupt worden."

„Anno Domini 752, als der letzte fränkische Herzog starb, fiel solches Herzogthum auf Pipinum, fränkischen König, gab solches dem mehreren Theil Sanct Burkhardo, ersten Würzburger Bischoff und seinen Nachkommen."

Zu diesem Ostfranken gehörte ebenfalls der Kochergau, welcher im Norden an den Jaxt=, im Osten an den Mulach=, im Süden an den Ries=, Albuch=, Rems=, Mur=Gau grenzte und von dem Neckargau durch die Höhen östlich von der Brettach ge= trennt wurde.

Hiemit dürfte die frühe Bewohnung der Haller Umgegend nachgewiesen sein, wozu ferner die Nachricht von einer heidnischen Burg, Streiffelsberg genannt, beiträgt, welche, durch den Kriegszug Königs Attila begleitende Horden, zerstört worden und sich auf dem Knocken des noch jetzt sogenannten Streiflis= walds, $\frac{1}{2}$ Stunde von Hall, befunden haben soll. Erst im Jahr 1866 wurden unzweideutige Spuren von der Existenz dieses befestigten Platzes beim Ausgraben einer Wasserleitung, nemlich verkohltes gezimmertes Bauholz und Thon=Scherben, etwa 10 Schuh tief aufgefunden, letztere Gegenstände nach dem Aus= spruche eines Augenzeugen römischen Ursprungs, solche sind jedoch in die wieder geschlossene Grube geworfen worden.

Die Ansicht eines gelehrten Alterthumsforschers hat sich in der neueren Zeit dahin ausgesprochen, daß bei gänzlichem Ab= mangel aller Spuren einer früheren Befestigung, ein fester Platz, Castell u. s. w. wohl nicht stattgefunden habe, höchstens ein Streif = Corps vorübergehend postirt gewesen wäre, wenn nicht, was wahrscheinlicher, die Umwohner selbst in Kriegszeiten hieher die Zuflucht genommen hätten.

In wie weit durch diese Momente auf das hohe Alter der Burgen von Hall und Umgebung zu schließen, wird für den Geschichtsforscher stets ein Feld der Combinationen bleiben, wahrscheinlich aber sein, daß in die Reihe der ältesten Burgen die von Hall, Westheim und Comburg zu zählen sind.

Abschnitt II.

Kurze Erörterung über diese 3 Burgen.

Werden die ebenso zerstreuten als spärlichen Quellen zu-
sammengehalten, so dürfte man wohl zu dem Resultate kommen,
daß die Burgen Hall und Westheim im Lehensbesitze der Herren
des Kocher- oder Schöngau's nun Rosengarten genannt waren
und Westheim mit mehreren Gebäuden als größeres Schloß aufgeführt, den Hauptsitz der Grafen von Westheim, wie solche sich
später nannten, bildete.

Durch diese Herren und Grafen von Westheim ist auch
das Benedictiner-Kloster zu St. Jakob in Hall erbaut worden.

Später soll Schloß Westheim an die Tempelherrn übergegangen, um's Jahr 1308 aus Veranlassung der blutigen
Verfolgung derselben unter Kaiser Heinrich VII. und Papst
Clemens V. zerstört worden sein, es sagt die Chronik: „Da-
hero man noch heutiges Tages das verbrannte Gemäuer und
andere von Erz geschmolzene Sachen allda findet sammt einem
Grabsteine, darauf Sonn, Mond, Stern, und ein langes Kreuz
auch 2 Schiltlein aber keine Circumferenz habend in der Erde
versunken gelegen."

Der Uebergangsbesitz an die Tempelherrn wird aber nach
andern Nachrichten bestritten.

Jedenfalls ging nach Absterben der Grafen von Westheim
die Pfarre zu Kochen-Westheim, sammt Hof und Gütern daselbst
mit allen Zehenten des Rosengartens und der Flecken, so gegen
Westheim und Dettendorf Pfarren zum Kloster Murhard als
Geschenk über.

An die Stelle des Schlosses wurde 1453 eine Kirche gebaut, welche einer vergrößerten, zu Anfange dieses Jahrhunderts errichteten, Platz machen mußte.

Unbestritten ist, daß die Grafen vom Kochergau oder Westen im Besitze der Haller Salzquellen waren, durch ihre Hörigen zuerst mittelst Bürden oder Reisachbuscheln Salz zu gewinnen suchten, nach anderer Meinung Salzwasser auf brennende Eichenscheiter, deren Kohle schon einigen Salzgeschmack enthält, gegossen, von diesen mit Salz geschwängerten Kohlen das Pulver abgeschabt und zu Speisen verwendet haben sollen.

Um die älteste Burg Hall siedelten sich edle Familien an, welche die Salzquellen dahin zogen, und entstanden die übrigen 6 Thürme oder Burgen, unter deren Schutze die geringeren Wohnungen der Untergebenen.

Der Gaugraf als Richter, so berichten die Chroniken, saß auf der Burg Hall, die Gerichte wurden an dem Abhange des Berges, dem jetzigen Aufgang zur Kirche, unter Assistenz von 7 adeligen Schöppen gehalten.

Als Ausfluß dieses Gerichts wird wohl das der Stadt zugestandene Duell-Recht anzusehen sein.

An der Stelle der Burg Hall, deren Existenz nach Ludewigs Commentar schon in's 4. Jahrhundert fiele,*) wurde die Michaelis-Kirche im Jahr 1156 gebaut. Auch wird erwähnt, es sei das baufällige Bergschloß der älteste Sitz der Kochergau-Grafen, welches die Edlen von Hall durch die Grafen Rotenburg zu Lehen trugen, auf dem Wege des Tausches in die Hände der Haller gekommen und zwar mit Hülfe der Comburger Aebte, denen die Burg 1114 als eröffnetes Lehen zugefallen war; diese erhielten als Aequivalent eine am Bache errichtete Wohnung, dem Orte des jetzigen Hospitals.

Nach einer weiteren Nachricht ist mit Bewilligung Bischoffs Gebhard zu Würzburg, Gernold des V., Abtes zu Comburg und Herzogs Friedrich in Schwaben das Burgstadel Hall, in der Stadt gelegen, durch einen Tausch abgegeben worden.

Das Wapppen der Burg war das der Kochergrafen, ein mit gold und roth quer getheilter Schild, auf dem Helme 2

*) Die Nachrichten von Ludewig sind sehr vorsichtig aufzunehmen.

Hörner, roth und gelb getheilt. Zu der von den Kochergrafen besessenen Burg gehörte der obere Theil von Hall bis in's 12. Jahrhundert, der untere Theil mit der Saline war königliches Tafelgut.

Eine von den Burgen Hall und Westheim getrennte Ent= stehungs=Geschichte scheint bei Comburg vorzuliegen, indem jene im Verbande des Bisthums Würzburg stunden, befand sich letzteres unter dem Bisthum Augsburg, und mag schon dieser Umstand darauf hindeuten, daß früher ein Geschlecht auf Comburg hauste, das, wenn auch im fränkischen Lande ansäßig, nicht zur Sippe der Grafen von Westheim und Rotenburg zählte.

Ferner dürfte zu beachten sein, daß sich die Besitzer von Comburg Herren von Cohenburg nannten, währenddem die Grafen von Westheim auch den Titel: Grafen von Cohen= oder Kochenthal führten.

Der Ursprung von den Besitzern Comburgs scheint sich vielleicht auf die alte Burg Steinwach, Steinwac (Wache am „Stein"), zu stützen.

Von dieser heißt es in den Chroniken, sie sei auf einem Felsen gestanden, wo jetzt die Pfarrkirche stehe und von dem alten Cohendorf umschlossen gewesen.

Die Lage eignete sich ausgezeichnet zu einer befestigten Ansiedlung, da der, namentlich gegen Westen und Norden hoch und steil abfallende, dem Kocher nahe, aus porösem Gestein bestehende Vorsprung gegen Süden ebenfalls durch Erdeinschnitte isolirt war.

Die Burg wurde jedoch bereits im 10. Jahrhunderte ver= lassen und darauf das Gotteshaus zu St. Johannis erbaut, welches als Mutterkirche der Gegend lange Zeit diente.

Die jetzige Kirche entstund im Jahr 1717 und ist von der alten nur noch der Unterbau des Thurmes im romanischen Style vorhanden.

Vielleicht ist die Familie der Burg Steinwac dieselbe, welche Comburg besaßen, und dort als Herren von Cohenburg vorkommen, oder werden wenigstens die letzteren Erben der ersteren gewesen sein.

Das Wort Chomburg, Comburg, Kabenberg, Cham=
burg, Kamberg führt Sagittarius in seiner historia halense
an, rührt wohl vom Berg am Kocher, Kochenberg und dem
Flusse, Coh, Cohen oder Kochen, an dem solches gelegen, her,
auf welchem Berg ein Castrum stund und deßhalb Kochenburg
genannt wurde; Schenk in seiner historia comburgensse nennt
es ein rechtes Raubnest.

Nach Absterben der Edelleute, welche den Comberg besaßen,
war solcher als Lehen dem Bischoff Luithold von Augsburg
anheim gefallen und vertauschte derselbe diese Besitzung gegen
Richard oder Reichard II., der bei Kaiser Otto III. sehr
in Gnaden stund, Sohn des Grafen Reichard I. zu Rotenburg,
welche Grafen bereits Besitzungen im Kochergau hatten.

Durch Bernwart XVII., Bischoff zu Würzburg, Bruder
von Richard, wurde der Tausch vermittelt; da Bernwart im
Jahr 990 diese Würde besaß, so ist der Umtausch nach der
Mitte des 10. Jahrhunderts geschehen und stimmt mit dem
Erlöschen der Cohenburger, sowie der Kirchen=Erbauung in
Steinbach überein.

In Ruger und Ainhardt oder Emhardt besaßen
Bernwart und Richard oder Reichard II. weitere Brüder,
letzterer aber, welcher seinem Bruder, Bischoff Bernwart, zum
Danke Gerechtsame in seinem Besitzthum einräumte, gilt für den
Erbauer der Burg und Städtleins Cohenburg und wird Ri-
chardus primus Comburgensium Comes genannt.

Die Söhne Richards waren:

Ainhardt, Stifter der Kirche Tungen, dem jetzigen
Thüngenthal und Romulai, gest. 1104, „gab seinem Bruder
zur Steur am Gottesbaw einen Kelch, der was siebenzig Pfund
Silber schwer.“

Heinrich, dessen bei Klein=Comburg zu erwähnen, ist
gest. 1108.

Burkhardt, Erbauer der Benedictiner=Abtei, ist mit Tod
abgegangen 1096 und Ruger um's Leben gekommen auf einem
Kreuzzuge nach Jerusalem, über welchen Duellius folgendes meldet:

„Rüggerus zuge gen Hierusalem, als er deß durch ain

Gesicht und mit Zeugnuß ainer Palmen vor ermahnt wardt, auf derselben Walfarth do sturb er, als ime vor durch Offenbarung gesagt waß, und ruhet im Friedt im Gottesacker."

Diese Grafen von Rotenburg nannten sich früher Herren von der Taub oder Tauber, solche führten auch eine Taube sammt ausgebreiteten Flügeln auf dem Helme, in des Schildes wasserblauem Felde aber einen goldenen Löwenkopf mit einem güldnen Sparren im Munde.

In der sogenannten kleinen Wibmann'schen Chronik, herausgegeben von Pfarrer Schönhut, ist Graf Ruger als Erbauer des Schlosses genannt; es ist sich hier aber an die genealogischen Ausführungen von Bruschen, Crusius, den Uffenheim'schen Nebenstunden und Pfaff's Geschichte von Würtemberg gehalten.

Nach den Aufzeichnungen einer hohenlohischen Chronik heißt es: Halb Hall gehörte den Grafen von Hohenlohe, welches durch solche in den Besitz des Chorherrn-Stifts Oehringen, Jahr 1037, begründet gelangte; den 10. October genannten Jahrs, wird ein Graf von Comburg durch Bischof Gebhardt zu Regensburg als Schirmvogt über dieses neu errichtete Stift zu Oehringen eingesetzt, und „„zur Belohnung seiner Dienste die halbe Stadt Hall und 10 Pfund Heller zur Ergezlichkeit und Vergeltung übergeben.""

Die Benedictiner-Abtei.

Ueber deren Urſprung enthält der bereits citirte Schön=
hut'ſche Auszug von Widmanns Chronik in wenigſtens weſentlicher
Uebereinſtimmung mit der Wibel'ſchen Chronik folgendes:

„„Es iſt geweſen ein Graff von Rotenburg vf der Tauber
vom Geblüet der Hertzoge von Frankhen, Reichhardt genannt
(ſolcher Fluß aber heißet billich nit die Tauber, ſondern die
Taub, das zeiget an dieſer Grauen Wappen als ein güldener
Löwenkopf mit einem gülden Sparren im Maul habendt im
blauen felbt vnd ein weiße Tauben mit ausgebreiten Flügeln
vfm Helm führend).

Gedachter Graf Reichhardt hat gehabt zween Brüder mit
Namen Einhardt vnd Rüeger.

Einhardt hätte kein Kind noch Weib, er bauet in den
zwen Dörfern als Reinwollſperg vnd Thüngenthal, ſo da=
zumal ihm gehört haben, zwo Kirchen Anno 1025 und
macht zwo pfarr daraus.

Man ſagt auch, das dieſer Einhardt das Bethaus zu
Würzburg, nun des Neue Münſter genannt, da S. Kilian
Colonat und Totnant ruhen, gebaut habe. Graf Rüeger
hat aber gezeugt zween Söhne, als Albertum und Rüegern.

Dieſer Rüeger hat durch ein Wechſel das Schloß Comburg,
dazumal Cohenburg, Cohe nun Koch genannt, ſein Namen
habend, welches durch Abſterben des Letzten bis Geſchlechts
Comburg, dem Biſchoff von Augſpurg, als Lehensherrn heim=
gefallen, überkommen.

Und hat diß Schloß Comburg Graff Rüeger wie ein Stättlin erweitert, darin sein Hoffhaltung gehabt und hat nach seinem Tod 4 Söhn verlassen, als Einhardt den Bischoff zu Würzburg, Burkhardt, Rüegern und Heinrichen: von disen Graffen Rüegern. Heinrichen ist hieruor in Kaiser Conradts des Andern Bullen, als ich von des Klosters Murhardt Vorst und Gejäg geschrieben, Meldung geschehen: und glaube ich, daß zun Zeiten, als ermeldete Bull gegeben worden, dise zween Grauen Rüeger und Heinrich auch ein Theil an der Graffschaft des Kochergawes gehabt haben.

Graf Einhardt wurde Gaistlich, die andern 3 aber hielten, wie die Junggesellen Haus zu Comburg, dahin aus umbliegenden Schlössern von Edlen und Reuttern ein täglichs aufreutten war, also das Comburg einem Reutter oder Raubhaus gleicher sahe, dann einem Grauen Hof.

Nun war beim Schloß Comburg ein Capell in der Ehre Gottes und St. Bartholomei gebaut, ist unser Frauen Capell derzeit beim Creutzgang genannt, den Fall tröwendt gelegen; bei diser Capell stunde ein großer Aichbaum, unter welchem bemelte Grauen und deren Hoffgesindt Sommerzeit pflegten zu sitzen und ruhen.

Uff ein Zeit, als gedachter Graff Burkhardt darunter ruhet und schlieff, hat ihn gedünkht, er sehe ein schön Closter anstatt des Schloß Comburg stehen, und Einen in byschöfflichen Kleidern, ein Ruthen in seiner Hand habendt, solch Closter damit theilend, und ufm Berg daruor über liegendt, hieuor Klein-Comburg, jetzt S. Gülgen genannt, sitzend.

Solches Gesichts Graff Burkhardt sich, als er erwacht, verwundert, seinem Bruder Graff Rüegern es anzeigt, und trewlich deme nachgedacht, und es beherziget hat.

Es wohnet ein andechtig Weib unden am Berg Cohenburg, nun Steinbach genannt, welche täglich diese Bartholomei-Capell besucht, die zaigt dem Grauen an, das an dem tag, da der Graff ermeldt Gesicht im Schlaff gehabt, sie auch solchs, als sie in der Capellen an ihrem Gebet andechtig lag,

wachent gesehen hab. Es sollen auch die im Dorff Hesenthal
an der Christnacht, ein groß gethön großer Glocken gehört
haben, daruon sie erwacht, ufgestanden sein, und in ihre
Pfarrkirchen gen Stainbach zur Christmetten gehen wöllen.

Als sie zu Hesenthalerstaig kommen, hab sie gedünkht,
wie sie viel brennender Kertzen im Schloß Comburg sehen,
und Chorgesang hörten, darob sie sich verwundert und gedacht
haben, es werde Christmetten in obgedachter S. Bartholomei=
Capellen gehalten werden: haben derhalben am Schloß Com=
burg angeklopft, und zur Christmetten in genannte Capellen
eingelassen zu werden begeret.

Da haben Alle ohne die Wächter im Schloß geschlaffen,
und nichts hiervon gewußt.

Als solch Gesicht deren zu Hesenthal lautbrecht ist worden,
haben etlich zu Steinbach gesagt, sie haben solches an der
Christnacht zu Comburg auch gesehen und gehört: Etlich aber
haben ein Gespött daraus gemacht.

Auf ein Zeit ist ein Graff des Kochengawes, zu Westen
wohnendt, mit gedachtem Graff Burkhardten gen Comburg
geritten, und als er zum Berg Comburg kam, hat er sein
Hut abgezogen, sich gegen den Berg geneigt vfm Pferd, als
aber Graff Burkhardt sein Freundt, den Grauen des Kochen=
gawes, warumb er sich gegen den Berg neige, fragt, soll er
geantwortet haben: ich hab' mich geneigt, aber warumb weiß
ich nicht.

Darauf Graff Burkhardt seines eigenen vornemens wissend
gesagt soll haben: Die göttliche Krafft verleyhe, daß du dich
nicht vergebens geneigt habest. Folgendes hab sich begeben,
am heiligen Pfingsttag, als die drey Brüder, Graff Burk=
hardt, Heinrich und Rüeger in S. Bartholomäi=Capellen zu
Comburg Meß hörten, welche die Brüder S. Benedictiner=
Ordens zu S. Jacob in Hall, die solche Capellen besungen,
hielten, den Sequenz Sancti Spiritus assit nobis gratia,
bis auf den versch infunde unctionem tuam, sungen, seyn
sie zu weinen bewegt, aus der Capellen unter obengenannte
Eichen gangen, Graff Burkhardts Gesichts, das er wie obgemeldt,

im Schlaff under solcher Eichen gehabt, sich erinnert, in
Summa einander zu verstehen gegeben, ihr Gemüth und ein
helliger will sey, das Schloß und Stättlin Comburg zu zer-
brechen, und ein Closter an die Statt zu bawen.

Und wie wohl von dieser Zeit an bise drei Grauen ge-
dachten, wie angeregter ihr will fürderlich vollbracht möcht
werden: jedoch weil dazumal Kay. Heinrich IV. im andern
Jahr seines Reichs ein Heerzug und Krieg in Sachßenlandt
führte, welchem die zwei Grauen Heinrich und Rüeger, als
des Röm. reichs lehenmänner, zu solchem Zug aigner Person
musten raißen, wurde es eingestellt.

Als aber solcher Zug in Sachßen vollendet, die Grauen
wider heimkommen waren, hat mittler Zeit Graff Burkhardt
etlich andechtige Brüder aus S. Jacobs-Closter zu Hall zu
sich genommen, so in offgedachter Bartholomei-Capellen die
Sieben Zeit hielten und in Graff Burkhardts Behausung wohnten.

Dergestalten das Reutergesindt, welches Graff Rüeger da-
zumal zu Comburg bei sich hatte, Graff Burkhardts Brüder
Gebet verspotteten und verachteten die München, dardurch
Uneinigkeit unter beider Brüder hoffgesindt entstunde, und der
Grauen fürnemmen, das Closter zu bawen, verhindert wurde.

Als aber Graff Burkhardt und Rüeger sich vereinet, das
Graff Rüeger mit etlich seiner Diener gen Rom zog, sich
etlich Zeit in Italien erhalten, und mittlerweil auch Graff
Burkhardt das Schloß und Stättlin Comburg abbrochen, darauf Graff Rüegger verritten, hat man ein Closter daraus
gebawet.

Demnach hat Graf Burkhardt uf ein Tag alle sein und
seines Bruders Rüegers gebliebenen hoffgesindt zu sich beruffen,
ihnen sein und seiner Brüder willen entdeckt, daß sie für-
nehmens weren, aus dem Schloß Comburg ein Closter zu
bawen, und hetten sie zu erachten, das Münch und Reuter
nit daugten bei einander zu wohnen, wöllt sie hiemit deßwegen beurlauben, was Lohns sie verdienet ihnen auch geben,
mit einem Zehrpfennig für ihren Abzug, sollten somit hin-
ziehen und ihnen ander Herrn suchen.

Aber Graff Rüegers hoffgeſinbt wurd ſolcher reb reuſchig, ſagenbe, ſie wären Graff Rüegers unb nit ſein Graff Burkharbt Diener, beßen Zukunfft woltens erwarten; gab er ihnen Urlaub, müſten ſie wohl fortziehen.

Alſo iſt Graff Burkharbt von ihnen gangen unb ſich bebacht, wie er Graff Rüegers Hoffgeſinbts möcht los werben.

Als nun ben 26. May nach bem Morgeneßen Graff Rüegers unb Burkharbts überig Hoffgeſinbt zu thail vor bem Thor bes Schloß Comburg ſaßen unb ſchwazten, hat Graff Burkharbt etlich ſeiner geheimſten Diener zu ſich beruffen, unb bie Porten bes Schloß unb Vorhoffs Comburg beſchloßen, bem Hoffgeſinbt ihre Fahrnuß unb Kleiber oben vom Thurm ber Porten herab geworffen unb geſchrieen, ſie ſollen ſich eilenbs pafhen, ober er wöll mit ſtainen zu ihnen werffen. Da ſie aber verharret, hat Graff Burkharbt mit ſtainen zu ihnen geworffen. Als nun bas Hoffgeſinbt ſeinen Ernſt geſpüret, ſein ſie mit viel Schelt= unb Schmehwortten von bannen zogen.

Alsbalb hat Graff Burkharbt alle gebew ber Burg ober Stättlins unb Vorhoffs Comburg, bas zur Wohnung ber Münch nit bienſtlich abbrechen laßen.

Alſo hat Graff Burkharbt ben 25. May Ao. 1070 angehebt zu bawen, unb ben erſten Stain an bas Cloſter Comburg unb bas Münſter, wie es noch ſteht, gelegt, ſambt bem Schlaffhaus unb Reuenfal Creutzgang, ausgenommen bie 3 ſtainen Thürn, ſo nit über 10 ehlen hoch mit großer müh unb Coſten geführt, biß Ao. 1082, bas iſt 12 Jahr vollenbet unb ausgebaut worben.

Als nun nach vollenbetem Baw Graff Rüeger wiber heim kam, bas Schloß Comburg abbrochen unb alba ein Cloſter mit einem ſchönen Münſter gebaut erſahe, wurd er ſehr erfrewet; unb iſt alſo Ao. 1082 an S. Thomastag ben 21. Dezembris bas Münſter zu Comburg burch Albertum, würtzburgiſchem Byſchoff im Namen ber heiligen unthailbaren Dreifaltigkeit, Ehre bes heiligen Creutz, Mariä Gottes gebererin S. Nicolai unb aller Heiligen gewehhet worben.

Dieser Weyhung sein zugegen gewesen Burkhardt, Heinrich und Rüeger, die Grauen von Rottenburg Gebrüder, mit Graff Heinrichs Gemahl, Geba genannt, und vil andern Grauen und Edlen, im Stifter und Dotationsbriff ermeltes Closters Comburg begriffen.

Wie denn der hochwürdig Fürst und Herr Ruthhardt, Erzbischoff zu Maintz, im Brieff under seiner churfürstlichen Gnaden Sigill, der geben ist Ao. 1090, der 12 Indiction zun Zeiten Kay. Heinrichs, des großen Kay. Heinrichs Sohns, begriffen, das vilgedachter Burkhardt hab ufm Berg Comburg in der Ehre Gottes und S. Nicolai ein Closter gestifft und an solch Closter alle Gerechtigkeit und Einkommen an Gütern, Lehen und Aigenleuthen, so zu solchem Berg, da noch ein Schloß gewesen, gehörig, mit freier Handtbewilligung seiner Brüder Grauen Heinrichs und Rüegers zum Aigenthumb zu nutzen dem Apt und seinen Brüdern, so allda under klösterlicher Regel dienen, zu gebrauchen geben. Es soll auch solcher Gottesdienst von seinen Nachkommen noch Jemandt Anders nit zerstört worden.

Zum andern, so oft ein Apt zu Comburg abgehet, haben die Conventuales daselbst aus Bestettigung hochgedachts Byschoffs Burkhardts und seines Vorfahrers des Wenceslai, gutmügen und macht, nach S. Benedicti Regeln ein Apt under ihnen oder sonsten, wo es ihnen geliebt so oft noth ist zu wählen.

Zum dritten soll der Apt dis Closters Güter keinem Weltlichen versetzen, noch gar verkauffen, wo er aber solches gethete, haben die Conuentbrüder macht, denselben Apt zu entsetzen, und ein andern an seine statt zu wehlen.

Zum vierten soll der Apt und Conuent jeder Zeit gutmügen und Macht haben, ein Vogt oder Schirmherrn zu Beschützung bemeltes Klosters Freiheit und Gerechtigkeit, welchen sie darzu am nützlichsten sein erachten und finden mögen, der nit umb zeitlichen nutz, sondern ewiger Belohnung halben solchen Schirm annimmt, zu erwehlen, und annehmen, welchen Schirm derselb allzeit vom Röm. Reich doch nit erblich empfangen soll.

Ob aber solcher Vogt oder Schirmherr ein Aftervogt machte, oder dem Closter=Apt und seinem gesindt unrecht oder Schmach zufüegte, so hat der Apt mit hülff des Byschoffs und Rath seiner Conuentsbrüder gutmügen und macht, den=selben Vogt oder Schirmherrn zu verwerffen, und wo er will, ein bessern zu erwehlen und anzunehmen.

Das aber ein Apt und Conuent zu Comburg ihres ge=fallen macht und Gewalt haben, Vogt oder Schirmherrn zu nemmen, finden wir Graff Heinrichen, offt gedachts Graff Burkhardts von Rotenburg Bruder, dises Closters erften Schirmherrn, nach welcher absterben ist Graff Engelhardt von Lobenhaußen, nach dijem ein Byschoff von Maintz worden, und Ao. 1106 Einer, Hertzog Friedrich genannt, ob er aber ein Hertzog in Frankhen oder Schwaben geweft, ist nit gewiß.

Es steht im Stifterbuch zu Comburg, daß solcher Hertzog hab den Schirm von Kay. Friedrichen, der Zeit nach aber, als wir achten, Heinrich IV. geweft ist, zu lehen empfangen.

Zun Zeiten aber der Päpfte Clementis, Martini und Jn=nocentii ist Comburg under dem Schutz des Röm. Kaysers oder Königs.

Als zun Zeiten Kay. Conrads des II. hat er aus Für=bitt seines Gemahls Gertrudis alle des Klosters Comburg Güter mit dessen Zu= oder Eingehörung und Perjonen under seinen Schirm genommen, im erften Jahr seines Reichs Ao. 1137, als Albrecht zu Maintz und Embrich Byschoff zu Würtzburg gewesen.

Es war underm Schirm Kay. Carls des IV. und underm Schirm Johannis von Thürn, der, als etliche wollten ein Graff von Krautter gewesen, und der Waldbott genannt ist, von wegen das er dazumal die Wald= oder Raubhäuser vom Röm. Kayser zu verftören verordnet war.

Auch war es underm Schirm der Grauen von Hohenlohe und eines Grauen von Würtemberg, der gedacht Kloster von einem neuen ungewöhnlichen Zoll, welchen ein Her zu Limburg in der Haalfteig fürgenommen, entledigt hat. Jtem undern Schirm der Statt S. Hall, zuletzt zun Zeiten Papft Jnnocentii

Kay. Friedrichs des IV. und Rudolphs von Scherrnberg, Byschoffs zu Würtzburg, ist diser Schirm an Würtzburg und als ein Afflerlehu an die Herren zu Limburg erwachsen.

Folgends als die Zahl der Brüder zu Comburg zugenommen, ist solch Closter zu Unterhaltung derselben von andechtigen Personen reichlich begabt worden: als von Pfalzgraff Heinrichen und seinem Gemahl Fraw Adelheit, Herrn Albrecht von Bilrith Rittern, so mit seinem Bruder abgetheilt, den halbtheil seines Schloß Bielrieth, am Fluß Byler ob Crefelbach gelegen, dem Schloß Comburg geben, und ein Münch daselbst worden ist.

Heinrich von Mulfingen und Herr Heinrich, Ertzpriester zu Würtzburg sambt 2 seiner Brüder von Altdorff, die Wintar und Rihilo genannt.

Item Einer Sigiboth genannt, mit seiner Mutter, und Heinrich von Bumesfeldt, Egesbert von Hesenthal, Egesbert von Alechßdorff, Weybrecht von Wichsenheim mit seinem Weib Eugelia, Gutta von Bocksperg und Sigillo von Bröllenstadt, die haben alle ihr steur und nutzung an diß Closter geben.

Von den offtgenannten 3 Grauen von Rotenburg Gebrüdern ist Graff Einhardt der eltest und Byschoff zu Würtzburg geweßt, allda er ruhet.

Graff Rüeger nam ihm für, gen Jerusalem zu raisen, in welcher Raiß er ist verschieden, wo er aber begraben sey, ist nit kuntbar worden.

Graff Burkhardt ist ein Laynbruder, Conuents genannt, zu Comburg worden, und als er daselbs etlich Jahr gehorsamlich under der Regel S. Benedicti gelebt, ist er denn 2. Septembris verschieden und daselbst begraben worden. Diß Geschlecht der Grauen von Rotenburg hat auch das Closter Schwarzach in Frankhen gestifftet.

Diser Zeit ist ein reicher Edelmann zu Maintz gesessen, etliche wollen, er sei ein Herr gewest, Wignant genannt, der hat sein Wohnung zu Castel vor Maintz über liegendt, gehabt, welcher ein ehelich Weib, Adelheit genannt, hatte, die fromb, gerecht, vfrecht, redlich gewesen ist; diser hat zu Maintz ein alten stainin hoff oder Behausung, denn Fall tröwent, denn ließ er abbrechen vnd fundte in solchem gemeur ein namhafften schatz verborgen. Diweil nun Wignandt, ein Mann gutes Gewißens, nit wußte, wer den schatz dahin verborgen, wem er gehöret, oder wohin er gewendet sollt werden, hat er nach langem berathschlagen von der newen stifftung des Closters Comburg vnd das drey steinen thürn, am Münster daselbst angefangen, aber durch absterben Graff Burkhardts Closters fürnembsten Stiffters vnd mangel des Kostens nit ausgebaut sein worden, gehört: zu dem, das Graff Heinrich nach dem traumb seines Bruders, vfm Berg vor Comburg vber ligendt, dazumal Klein-Comburg zu S. Gülgen genannt, ein Frawen-Closter zu bawen fürgenommen; welchs Wignandt vnd sein weib bewegt, das sie beede mit dem gefunden schatz gen Comburg sich gefügt vnd begeben haben. Als nun die fürgenommen gebew vnd Stifftung zu klein vnd großen Comburg ihnen gefallen, haben sie den gefunden schatz mit all ihrem haab vnd gut, das sie zu Maintz, Castell vnd sonsten gehabt, zu vollbringen beeder Clöster gebew, vnd das die Brüder vnd schwester allba wohnende, ihre wohnung als besser haben möchten, gewendet.

Ao. 1108 sein die schönen außgehawen sandtstainin 3 thürn zu Comburg vnd das Frawen-Closter dabei, zu S. Gülgen genannt, wie noch zum thail vor augen ist, darzu obgedachter Graff Heinrich von Rottenburg auch sein hülff vnd steur geben, durch Wignandtum vollendet worden. Diser Wignandt ist ein Münch zu Comburg vnd sein Fraw Adelheit ein Closterfraw zu S. Gülgen worden.

Herr Wignandt starb am andern tag nach Martini, ligt zu Comburg begraben, an welchem tag noch jährlich sein gedechtnus gehalten würdt. Aber sein Hausfraw ist zu S. Gülgen begraben.

Graff Heinrich von Rottenburg ist, als etlich wollen, vor seinem ende regierender Hertzog in Frankhen worden, er starb den 18. February, vnd liegt zu Comburg begraben. Dessen Hausfraw aber soll nach seinem tobt ein Closterfraw

2

zu S. Gülgen worden sein, alda sie auch begraben ligt.
Bey erzelten zwo Closterfrawen Geba vnd Adelheit sein auch
zu S. Gülgen erwehlet worden Betha, offtgenant Graff
Heinrichs schwester, etlich wollen aber, sie sei Graff Engel=
hardts schwester von Lobenhausen gewesen. Item Sophia
Aeptisin, Lobrath vnd Gutta waren Closterfrawen, Irmelgardt
vnd Gutta waren Beginnen zu S. Gülgen.

Das clösterlich Leben zu S. Gülgen hat erstlich gepflanzt
schwester Agnes aus Gallia, welche Graff Heinrich von wegen
ihres clösterlichen Lebens von Paris zu S. Gülgen gebracht,
zu einer Priorin verordnet, das sie die andern Closterfrawen
darin nach Regeln S. Scolastica, der schwester S. Benedicti
zu leben vnderweisen hat sollen.

Ao. 1513 ließ ein Vicarius des Stiffts Comburg vnden
am Garten zu S. Gülgen ein Keller durch ein felsen graben
vnd funde diser Priorin Sigill in der Crufft des Felsens,
das war von Ertz gossenn, darin folgende schrifft mit großen
lateinischen Buchstaben in circulo oder runde, also lauttendt:
Sanct. Agnetis de Paris, prioris Sanct. Egidii.

Dis Sigill hat noch jetziger Zeit mein gebietender Herr
Weyprecht von Schenkenstein, Cantor vnd Chorherr zu Camberg.

Ao. 1088 haben dis Closter begabt Conrad von Santzen=
bach, Friedrich von Scheffach, Gottfried von Clingenfels,
Rüeger von Sültz, Craft vnd Albrecht von Reinwolsperg,
Graff Engelhardt von Lobenhausen, der zu Comburg ein
Münch, das ist ein Bekehrling worden ist vor seinem Ende,
er hat auch mit Ludwig seinem Bruder vnd Heinrich Schnee=
wassern vnser Frawen=Altar zu Comburg im liechten Chor
begabet. Dise sein zu Comburg im Fürschopff bei der weiten
thür, da inner 50 Jahren noch etlich stainin sarch gestanden,
begraben worden, vnd werden etlicher Grabstain noch an
dem Ort gesehen.

Eodem Anno hat ein edle Wittfraw, Mechtildt Merwoltin
genant, so ein Schloß zum Stain, zwischen Cünzelsaw vnd
Ingelfingen am Fluß Kochen gelegen, gewohnt, zu solchem
schloß ein felsen, darvnter ein selbstgewachsen stainern hülen

ist, ein Kirchen in der Ehre Gottes vnd S. Martini gebawt,
vnd solche Kirchen mit dem schloß vnd aller nutzung den Closter=
frawen zu S. Gülgen, da sie auch ein Closterfraw geworden
ist, vbergeben, verhoffendt, das mit der Zeit andere mehr
andechtige Personen ihr hülff dahin sollen thun, damit durch
die Closterfrawen zu S. Gülgen zum Stain auch ein Claus
oder Frawen=Closter angerichtet würde, aber ihr will ist
verhindert worden. Demnach haben auch zween Ritter vom
Nußbaum, vater vnd Sohn, beede Marquardt genannt, ihr
schloß Nußbaum, bei Grießen an der Jagst liegendt, mit
aller Zugehör vnd Einkummen denn Brüdern zu Comburg,
doch das allweg solch Kirch vnd wohnung, darin sie gewest,
mit einem oder zwen Brüdern des Conuents zu Comburg
alda clösterlichs Leben zu pflantzen, besetzt würde, übergeben.
Dise nutzung ist etlich Jahr in die Infirmerey oder Spittal
zu Comburg genommen verbraucht worden: nun aber ist es
in andere hanndt kommen.

Es hat ein Gräuin von Lobenhaußen ein Closter oder
Frawen=Claußen im Dorff Myslay, an der Jagst ligendt,
vnder S. Benedicti Regeln vnd gehorsam eines apts vnd
Conuents zu Comburg ihres Visitatoris gestifft; das ist durch
apt Ernfried denn andern diß Namens des Geschlechts von
Vellberg dem Closter Comburg zu gut eingezogen worden,
wie es auch mit dem Frawen=Closter zu S. Gülgen ergangen
vnd geschehen ist.""

Als weitere Schenkungen sind zu nennen, die Zehenten
von Michelbach und Bretzingen, J. 1095, die Güter von
Steinach und Winzenweiler 1096, das Schloß Heheberg, oder
Hehlberg und dessen Güter, in der Nähe des jetzigen Ortes
Hessenthal, durch Elsbeth von Hehethal vom Jahr 1122.

Ohne die Unterstützung des reichen Wiegnandt wäre wohl
die Errichtung der Benedictiner=Abtei in's Stocken gerathen, wo
nicht ganz zu Grunde gegangen, auch zeugt von dessen großem
Reichthum, daß derselbe noch überdies das im Jahre 832 be=
reits gestiftete Benedictiner=Kloster Hirschau bedachte, und den
Thurmbau der Kirche, welcher jetzt noch im romanischen Style

2*

über Ruinen hervorragt, wesentlich unterstützte. Hirschau, Mutter=
kirche für Blaubeuren, Isny, Zwiefalten, diente in dieser Eigen=
schaft auch für Comburg, welches zur Steinbacher Parochie St.
Johanniskirche nebst dem Benedictinerkloster zu St. Jakob in
Hall gehörte, letzteres wurde vom Abte Conrad in Comburg,
den 26. März 1236 den Franziskanern eingeräumt und fällt
dessen Entstehung, da die Benedictiner über 2 Jahrhunderte im
Besitze gewesen sein sollen, in das Ende des 10. oder Anfang
des 11. Jahrhunderts.

Schon im Jahr 1280 wurde die Pfarrkirche zu Stein=
bach und deren Filial in Hall unter dem 9. Abte, Wolfram
von Bielriet mit Thungenthal, Gebsattel und Cünzelsaw dem
Closter Comburg einverleibt, die hierüber lange Zeit angebauerten
Streitigkeiten im Jahr 1477 dadurch geschlichtet, daß Pfarrer
Kind, der eine gratiam exspectativam auf beide Stellen hatte,
40 fl. jährlich erhielt und hierauf in romana curia auf die
Pfarre resignirte.

Abschnitt IV.

Entwicklung der Abtei und des Stiftes.

Die Schirmvogtei über das Kloster, welche der Bruder des Stifters Graf Heinrich, wie bereits erwähnt, übernommen hatte, blieb in der Familie bis nach deren Absterben im Jahr 1108.

Dieselbe ging nunmehr auf das Haus Hohenstaufen über; Herzog Friedrich I. (unter Kaiser Heinrich IV.), welcher zu seinen Stammgütern das sogenannte salische Erbe dadurch erworben, daß er die Schwester des kinderlosen Königs Heinrich des V. zur Gemahlin hatte, besaß 2 Söhne, Herzog Friedrich II. den Einäugigen und Conrad; ersterer folgte dem Vater in der schwäbischen Herzogwürde; Conrad, geb. 1093, wurde Erbherr in den fränkischen Gütern Rotenburg an der Tauber, Weißenburg im Nordgau und Graf des Kochergau's, führte gleichfalls den Herzogtitel, hatte zeitweise, 1106—1120 das ganze ostfränkische Herzogthum, und erhielt 1138 die deutsche Königswürde, sein Sohn Friederich hieß Infant von Rotenburg.

Als daher Jahr 1108 die Grafen von Rotenburg ausstarben, war Conrad Erbe ihrer Besitzungen und somit auch Schirmvogt von Comburg. Nach dem Aussterben der Hohenstaufen stund Comburg unter der unmittelbaren Reichsgewalt, bis König Albrecht dasselbe 1307 dem Schutze des Erzbischofs von Mainz übergab, mit dessen Zustimmung 1318 die Stadt Hall die Schirmvogtei erlangte, bald aber mit dem Kloster in Streit gerieth, und erst 1361 wieder in dessen Besitz kam.

Kaiser Friedrich III. übertrug die Schirmvogtei 1485 den Bischöfen von Würzburg, welche die Schenken von Lympurg damit belehnten, von welchen sie aber nach deren Aussterben durch den am 19. August 1713 erfolgten Tod des Schenken

Vollrath zu Oberſontheim an das Bisthum Würzburg zurück=
fiel, und von dieſer Zeit an ſelbſt von demſelben verwaltet wurde.

Es iſt bei Cruſius namentlich eines Grafen von Württem=
berg erwähnt, welcher Comburg gegen die Schenken von Lympurg
Beiſtand leiſtete, als ſolche am Fuße ihrer Burg eine Zollſtätte
errichten wollten, wodurch der Weg von der Hallſteige*) in die
Stadt mit Abgaben beſchwert worden wäre.

Nach zwölfjährigem Bau wurde das Kloſter mit Benedic=
tiner=Mönchen vom St. Jakobs=Kloſter zu Hall beſetzt, in welches
der Stifter Burkhardt ſelbſt als Laienbruder, wie bereits früher
erwähnt, getreten war.

Mit dem Ausbau der Kirche und der Vermehrung der
Stiftungen durch den um Comburg und Hall angeſeſſenen, ſehr
begüterten Adel, wuchs auch die Zahl der Kloſterbrüder, welche
in 1 Abte, 1 Prior, 1 Cuſtos, 1 Camerarius, 1 Cantor und
10—12 Mönchen beſtund, in gleichem Maße fand auch die
Vermehrung der Gebäulichkeiten ſtatt, von denen noch ſpäter
die Rede ſein wird.

Unter dem 11. Abte Conrad Entſevius oder von En=
tenſee, wurde im Jahre 1237 beſtimmt, daß bürgerliche
Kloſterbrüder ausgeſchloſſen, die Stellen allein von Adeligen zu
beſetzen ſeien, daher es kam, daß letztere im Chore nur Mönche,
im Felde aber Ritter ſein wollten, und unter den Kutten Panzer
trugen (wie ſich die Chroniken ausdrücken), was dem Kloſter
viel Streit und Hader verurſachte.

Insbeſondere war dies mit Hall der Fall, indem Comburg
durch Schenkungen ſeitens der Grafen von Hohenlohe nicht nur
Antheile von Hall hatte, ſondern auch das St. Jakobs=Kloſter
nebſt ſeinen Gerechtſamen durch Erbſchaft der Grafen von Roten=
burg an Comburg fiel, daher nannten ſich die Aebte auch Herrn
von Hall und St. Jacobs=Kloſter.

---

*) Die gewöhnliche Bezeichnung Haalſteige iſt ſomit unrichtig und kommt
jene weder von hohl, den Bögen, auf welchen dieſelbe ruht, noch Hool,
wie die Sieder oder Hallonen das Haal, den Ort der früheren Sied=
häuſer nannten, her, ſondern von dem Namen der Stadt ſelbſt, was ſich
auch durch den Umſtand bewahrheitet, daß fragliche Steige zunächſt in
die Straßen Hall's und nicht in das entfernt gelegene ehemalige Haal
führt.

Eine der heftigsten Fehden trat unter dem genannten Abte Conrad von Entensee aus dem Geschlechte der Münkheimer zu Tage Jahr 1324, derselbe legte selbst den Harnisch an und kämpfte gegen Hall, wurde aber schwer verwundet von den Hallern gefangen gesetzt und nur gegen großen Schadens-Ersatz unter Hülfe des Bischofs Wolfram von Würzburg frei gelassen.

Dieses Verhältniß hatte die Folge, daß die zwei Vorstädte Gelbinger Straße und jenseits des Kochers mit einem Graben umgeben wurden, und vom deutschen Kaiser nicht nur dieses Recht der Befestigung zugestanden, sondern auch den Hallern die Jurisdiction anvertraut ward, welche in ersterem Stadttheile die Grafen von Lympurg, in letzterem die Grafen von Hohenlohe besessen hatten.

Ferner entbrannte blutiger Zwist durch die, mittelst Zustimmung des Erzbischofs von Mainz 1318 der Stadt zugetheilte Schirmvogtei über Comburg; 1327 that der Bischof von Würzburg Hall deßwegen in den Bann, und diese erlangte erst die Schirmvogtei 1361 wieder.

Eine weitere Fehde im Jahr 1433, von Hall und Comburg gegen Georg von Bemberg geführt, mag hier eine Stelle finden:

„Um eben diese Zeit kame die Ehefrau Georgen von Bemburg (so sich von Bemberg, davon noch heut zu Tage das Hochfürstliche Ansbach'sche Kasten-Amt Bemberg oder Wiesenbach den Namen führet, als einem ehemaligen castro mag geschrieben haben, von Wiedemann aber, so diese Begebenheit bei dem Jahr 1432 erzehlet, unrecht von Bamberg in Chronico Mohto genennet wird,) (andere setzen Bemberg) auf ihrer Reise aus dem Wildbad nebst etlichen zu Pferdt bei der Nacht vor das Kloster Chomburg, und begehrte Herberge.

Der Abt daselbst stund unter dem Schutz der Stadt Hall, und war nicht zugegen; sein Vicarius hielte wegen Uneinigkeit der Städte und des Adels für gefährlich, das Kloster bei Nacht zu eröffnen, riethe also deren von Adel sie solte vollends Lymnpurg oder Steinbach zu reisen, was sie allda verzehrete, werde er dem Wirth bezahlen.

Hiemit ließ sie sich bereden, war aber voller Unwillen,

und hatte das Unglück, als der Gutscher in der Dunkle umge=
worfen, noch nicht weit von Chomburg den Arm zu brechen,
führte deswegen, als sie zu Bemberg (so nur etliche Stunden
von Hall und Chomburg entfernet, von Wiedemann aber l. c.
irrig Bamburg genennet wird,) wieder angelanget, bittere Kla=
gen bei ihrem Herrn, denselben wieder Chomburg rechtschaffen
aufzubringen, und den, der sie abgewiesen gar zu ersäufen; wo=
von wir bald reden werden. Sie erhielte auch ihren Zweck
und er suchte auf Weiß und Weg, denen zu Chomburg Schaden
und Abbruch zu thun.

Als der Priester zu Reinwolsperg mit Tod abging, trug
einer aus der Marggrafschaft Anspach von Rom aus bis Kirch=
spiel davon: hingegen wurde es durch den Abt von Chomburg,
als ob er diesen Dienst zu vergeben das Recht hätte, an einen
Salz=Siebers Sohn aus Hall überlassen, allein dazumahl kame
ihm das Recht nicht zu, weilen der Verstorbene in einem Mo=
nath verstorben, in welchem der Pabst die Nomination hatte,
und nicht in einem Monath, worinnen dem Abt dieses Recht
zustund; mithin kame es zum Streit; der von Hall wollte Hülffe
daselbst und bey dem Abt suchen; diese aber wollten sich nicht
allein nicht darein mischen, sondern verbotten es auch der Ge=
meine zu Reinwolsperg.

An einem Sonntage nahme der Haller mehrere zu sich,
brach in das Pfarrhauß zu Reinwolsperg ein, bemächtigte sich
des Marggräflichen Pfarrers, und wollte ihn vermittelst Vor=
weisung des Päpstlichen Brevis nöthigen, von seinem Recht ab=
zustehen, nachdem er sich dessen weigerte, schleppten sie ihn fort
nach Unterscheffenbach, zwischen Scheffau und Horfach an dem
Fluß Büler, da sie ihm von neuen scharff zusetzten, und ihn
mit der Ersäuffung bedrohten: als er noch nicht davon wollte,
warffen sie ihn in den Fluß ob sie ihn durch Gewalt und
Schrecken zu ihrem Zumuthen zwingen möchten:

Allein in dem sie ihn an einem Seil hin und her zerret=
ten, und sie ihre leichtfertige Freude mit ihm hatten, gab er
im Wasser den Geist auf, der Ort wird daselbst noch der Pfaf=
fen=Gump genennt.

Die Reinwolfsperger bewegten sich hiebei im geringsten nicht, als ob sie nichts davon wüßten: Allein der Ertrunkene hatte einen Bruder, der ein Unterthan ware des von Bebenburg, welcher Edelmann sich nun der Sache annahme, und mit einiger Mannschaft zu Pferdt und seiner Bauerschafft in das Dorff Reinwolsperg einfiele, dasselbe plünderte, die Kindbetterinnen aus dem Bett warff, und den Bauren alle Ayer zertratt.

Die von Hall und Chomburg erfuhren es bey Zeiten und gingen auf ihre Feinde loß, welche sie noch auf frischer That antraffen, und nachdem sie einige getödtet, führten sie 21 nach Hall gefangen, und hängten sie Ao. 1435 den Tag nach Nicolai zumal auf."

Die Streitigkeiten zwischen Hall und Comburg erloschen mit der Zeit mehr und mehr, indem die Aebte in der Stadt selbst eine stattliche Zufluchtsstätte, den Comburger Hof bei der St. Michaeliskirche erwarben.

Ein späterer Streit von Bedeutung entstund bei dem 3. Dekane Erhardt von Schaumburg, welcher als Mitcollator der Kirche von Tungenthal und Erlach die Haller in die Acht erklärte, weil sie die Bewohner genannter Orte zwingen wollten, die evangelische Lehre anzunehmen, denselben Meßgewänder sowie Kelche abgenommen hatten; durch kaiserliche Vermittlung war jedoch der Bann wieder aufgehoben.

Zu so viel kostspieligen Streitigkeiten im Laufe der Zeiten gesellten sich spärlichere Einnahmsquellen, schlechter Haushalt, großer, mit dem Wechsel der Schirmvögte verbundener Aufwand und brachten diese Verhältnisse das so reich dotirte Kloster schon um die Mitte des 13. Jahrhunderts dahin, daß es kaum mehr bestehen konnte.

Im Jahre 1319 gaben sogar Prior und Convent dem Abte Vollmacht, so gut er könne für das Kloster zu sorgen, und verließen dasselbe, um in andern Klöstern Unterkommen zu suchen.

In einer Urkunde führen die Mönche selbst an, daß sie 3500—3700 Pfd. Heller Schulden hätten, während ihre Einkünfte nur 120 Pfd. Heller betrügen.

Gegen das Jahr 1324 hatten sich die Bewohner der

Abtey wieder gesammelt, die Klagen aber über Bedrückungen durch Bischöfe, Prälaten sowohl, als Fürsten, Grafen, Edle und Bürger dauerten fort.

Im Jahr 1350 wurde das Kloster von seinen Nachbarn ausgeplündert, insbesondere durch die Schenken von Lympurg, so daß sich Kaiser Karl IV. an Georgi 1359 genöthigt sah, dieses Benehmen den Schenken Albrecht und Conrad unter Androhung von Strafe zu verweisen.

Jahr 1423 gestattete der Bischof von Würzburg einen Theil der Mönche in andere Klöster zu versenden „in quibus, (wie er sagt) religio melius quam in vestro monasterio observatur, ut ibidem informationem recipere valeant ad instituendum se et alios in disciplina regulari."

Aus einem päpstlichen Breve von 1427 erhellt, daß dem Kloster in jenen stürmischen Zeiten alles was zur Leibesnothdurft gehört, nebst Reliquien, Kirchenbüchern und Urkunden entfremdet worden war.

Dasselbe suchte sich zwar durch Incorporation mehrerer Kirchen zu helfen, allein es fruchtete wenig.

Durch die Noth gedrungen mußten die Propsteien Nußbaum und Stein, sowie die bedeutenden Gefälle um Mainz veräußert und 1483 mehrere Güter und Rechte in und um Künzelsau an Hohenlohe verkauft werden.

Von noch größerem Umfange waren aber die Güter und Rechte, welche Comburg 1521 um die damals sehr bedeutende Summe von 12,000 fl. an die Stadt Hall zu veräußern genöthigt war.

Den Ordensregeln des heiligen Benedictus von Nursia, Abt des Klosters Sublach, welcher den Orden im Jahr 531 stiftete, schroffe Ordensregeln gab, schlechte Kost in Brod und Wein vorschrieb, anordnete, daß sich die Mönche der Erziehung der Jugend widmen, Religion, gute Sitten und Künste lehren, junge Männer für den Dienst der Kirche und des Staates erziehen sollten, scheint aber in Comburg wenig gehuldigt worden zu sein, die Mönche und Chorherrn zeigten keinen klösterlich kanonischen Lebens-Wandel und versäumten die Pflichten ge-

gen den Gottesdienst, sowie die vorgeschriebene Obedienz, vor=
züglich scheint die Jagd auf Comburg schrankenlose Liebhaberei
gewesen zu sein, denn nach Archivacten Halls vom 17. und
18. Jahrhunderte bilden Jagdexcesse gegen die Reichsstadt eine
oft wiederholte Rubrik und sind als Frevler nicht nur niedere
Diener, sondern auch Chorherrn, ja sogar Dekane genannt.

Hiezu kam viel innerer Zwist; gegen das Ende des 15.
Jahrhunderts erhielt ein solcher bestimmtere Gestaltung, die ade=
ligen Mönche lehnten sich wiederholt gegen die erneuten und
verschärften Ordensregeln auf, daher es kam, daß unter dem
30. Abte Hildebrand von Crailsheim 1480 — 1488 die
4 Jahrhunderte erlebte Abtei in ein adeliges Ritterstift umge=
schaffen wurde, die Mönche sich in Canonici verwandelten und
zum ersten Propste Seyfried vom Holz 1488 erwählten.

Abt Hildebrand von Crailsheim war gegen das Vorhaben
der Mönche, das Kloster in ein Stift zu verwandeln; als er
daher einst von Würzburg heimritt, ließen ihn diese nicht mehr
in's Kloster ein, Hildebrand zog deshalb nach Hall in das Haus
seiner Schwester, verheirathet an Hans von Moorstein, und starb
daselbst aus Bekümmerniß

Der Kanoniker waren 8, unter denen 1 Propst, 1 Dekan,
1 Scholasticus, 1 Cantor und 1 Custos.

Die Chorvicare, 10 — 12 mußten für die Domherrn beten,
den Chorbesuch absolviren und die Kirche von Steinbach besor=
gen, unter denselben war ein besonders geweihter Curatus,
dem die cura animarum allein oblag.

Der Reformation widersetzte sich Comburg standhaft.

Im dreißigjährigen Kriege wurde Comburg großer Scha=
den zugefügt, es erhielt jedoch den katholischen Ritus, bis der
schwedische Oberst Scavalytki die lutherische Lehre mit Ge=
walt daselbst einführte; dieses Verhältniß endigte mit der Schlacht
von Nördlingen 1634; während dieser kurzen Zeit war Mat=
hias Strole Prediger zu Comburg.

Im Hinblick auf die Stiftungen der Abtei nach der Grün=
dung könnte es wohl von einigem Interesse sein, den Status
derselben um's Jahr 1700 kennen zu lernen.

Jene bestunden in dem rotenburgischen Amte Gebsattel an der Tauber, den Lehengütern zu Ingersheim, Enslingen und Reinsberg bis 1641, 1647 und 1651 an die Senfte von Sulburg, Herrn von Crailsheim und die Haller Familie Schletz verliehen; ferner in den Vasallen= und Ritter=Mannslehen Michelbach an der Lücke, womit die Grafen von Schwarzenberg, dem Horderholz ob Klingen, womit die Grafen von Hatzfeld, Antheil an dem Schloß Bardenau in Künzelsau, womit die Stadt Hall, der Obermühle zu Jagstheim, womit die von Ellrichshausen, Antheil von Nagelsberg, Morsbach und Künzelsau, womit die von Stetten und den Zehenten zu Rottenweiler im Anspach'schen, womit die Drechsel von Dünkelsbühl belehnt waren.

Sodann hatte Comburg 295 Erblehen oder Erbbestand= güter und über 136 derselben die Vogtei.

Die Dörfer Steinbach, Hausen an der Roth und Groß= allmerspann besaß es ganz; ferner in 70 Orten Zehentrechte, und in mehreren Patronatrechte, sowie 30,000 Mrg. Waldungen.

Das Stift besaß keine Gerichtsbarkeit in peinlichen Sachen, solche übten zuletzt die Schirmvögte beziehungsweise die Schenken von Lymnpurg, bis diese Würde an das Bisthum Würzburg kam, welches das Stift auf den Reichs= und Kreistagen vertrat; Comburg fiel mit seinen Unterthanen, 3709 an der Zahl, der Krone Württemberg als Entschädigung anheim und wurde den 24. Nov. 1802 in Besitz genommen.

Einem Ober=Vogte stund die Verwaltung der Revenüen zu, dem Forstmeister waren ein Gegenschreiber und zwei Forst= knechte untergeordnet, ein Stiftskastner war der Domanialkassier.

Noch einmal sollte der Glanz verblichener Zeiten in der stolzen Burg nach der Säcularisation wieder strahlen, indem solche einige Zeit zur Residenz des Prinzen Paul, Bruders Kö= nigs Friedrichs von Württemberg diente, auch demselben am 21. Februar 1808 Prinz Friedrich daselbst geboren wurde, vermählt mit Prinzessin Katharina, Tochter Königs Wilhelm von Württemberg.

Zu Ende des Jahres 1816 endlich nahm hier das könig= liche Ehren=Invalidencorps bleibenden Wohnsitz.

Einer geschichtlichen Erwähnung werden noch bedürfen die Regenten des Klosters und nachherigen Stiftes.

Die vorliegenden Aufzeichnungen scheinen sämmtlich für Vollständigkeit nicht bürgen zu können, es wird daher eine Wappensammlung zu Grunde gelegt, welche sich in der neuen Dechanei im Corridore des oberen Stockes befindet und 9 Tafeln mit Wappen auf Leinwand gemalt an einem sehr ungeeigneten Orte enthält.

Es sind zunächst die Wappen von 30 Aebten, Jahr 1082—1488, nemlich:

1) Hemmo, starb in Lorch.
2) Gunter, 1096.
3) Hardwig.
4) Adelbert, wird 1145—1156 genannt.
5) Gernod, starb 1158.
6) Engelhard Löw.
7) Wernherr.
8) Rüdiger.
9) Wolframus.
10) Walther, gestorben 1213.
11) Conrad von Entensee.
12) Heinrich.
13) Eberhard Philipp von Eltershofen, 1213.
14) Embricus.
15) Heinrich von Schefflai, 1241.
16) Berchtoldus von Michelfeld.
17) Sifrid von Moorstein, 1260.
18) Heinrich von Bretzingen.
19) Burkhardt oder Beringer, genannt Senft.
20) Conrad von Ahaussen, 1273.
21) Wolframus von Pühlerriet.
22) Conrad von Münken, 1324, regierte 41 Jahre.
23) Heinrich Sieber, starb 1370.
24) Rudolph von Gundelshofen, starb 1377.
25) Erkhinger Feldner, starb 1401.
26) Ehrenfried von Vellberg, starb 1418.

27) Gottfried von Stetten, starb 1451.

28) Ehrenfried von Vellberg, starb 1476.

29) Andreas von Triefshausen.

30) Hiltebrand von Crailsheim, 1504.

Hierauf folgen die Pröpste, 22 an der Zahl, vom Jahr 1488 an:

1) Seyfried vom Holz.

2) Peter vom Auffsäß, auch Luffsäß, 1504.

3) Gumbrecht (Markgraf von Brandenburg), 1528.

4) Philipp, Schenk von Lympurg, 1531.

5) Daniel Stüber, 1545.

6) Ulrich Holin, 1550.

7) Friedrich von Wisperg, 1555.

8) Reinhard von der Kühr, 1558.

9) Erasmus Neustetter, 1583.

10) Wolf Albrecht von Würzburg, 1595.

11) Johann Gottfried von Aschhawsen, 1612.

12) Philipp Adolf von Ehrenberg, 1619.

13) Johann Heinrich von Reineck, 1643.

14) Jobst Philipp von Weiler.

15) Johann Philipp von Schönborn, 1638.

16) Franz Conrad von Stadion, 1642.

17) Georg Heinrich von Stadion, 1685.

18) Johann Veit von Würzburg, 1716.

19) Philipp Rudolph Heinrich Joseph von Roten= hahn, 1756.

20) Otto Philipp Erhard Ernst, Freiherr, Graf von und in Trokau, erwählt den 11. Januar 1776.

21) Maximilian Johann Jakob, Freiherr von Sickin= gen, erwählt den 18. Mai 1780.

22) Anselm Philipp Friedrich, Freiherr, Graf von und in Trokau, erwählt den 22. Juni 1795.

Den Pröpsten schließen sich an die Decani, 20 an der Zahl, bis 1803 aufgezeichnet, und zwar:

1) Friedrich von Büchelberg, 1493.

2) Conrad Schenk von Schenkenstein, 1519.

3) Erhardus von Schaumburg.
4) Henricus be Köln.
5) Georgius à Trupach, 1591.
6) Kraft von Rüxingen.
7) Eucharbus de Fronhoffen, 1591.
8) Eytelius de Treutwein, 1528.
9) Bernhardus von Schwalbach, 1536.
10) Erasmus Neustetter, Stürmer genannt, 1551.*)
11) Joannes Wilhelmus à Haltingen, 1594.
12) Joannes Gotofriedus ab Aschhausen, 1604.
13) Conradus Ludovicus Zobel à Giebelstatt, 1612.
14) Georgius à Wiesentaw, 1619.
15) Joannes Adamus Truchses ab Höffingen, 1623.
16) Franciscus Ludovicus Faust à Stromberg, 1639.
17) Joannes Henricus ab Ostein, 1675.
18) Wilhelmus Ubalricus à Guttenberg, 1698.
19) Johannes Philippus Euricus von und zu Ehrthal, 1736.
20) Johann Gottfried Lotharius Franz, Freiherr zu Greifenklaw zu Bellroth, erwählt d. 28. Jan. 1771.

Was endlich die Wappen der Canonici oder Chorherrn anbelangt, so sind davon 173 vorhanden, und zwar vom Jahre 1489 — 1798.

In Beziehung auf die Pröpste ist noch zu bemerken, daß solche gewöhnlich von der Verbindlichkeit zur Residenz dispensirt waren, weshalb dieselben bei den Capitel-Versammlungen selten erschienen, und dadurch einen großen Theil der Amtsbefugnisse verloren, welche auf die Dechanten übergingen, so ist namentlich vom 3. Propste Gumbrecht, Markgrafen von Brandenburg, gesagt, daß er Comburg niemals gesehen, seine Hofhaltung zu Rom gehabt habe und die Propstei durch den Decan zu Onolzbach habe versehen lassen.

Ein Propst verwaltete auch mehrere Propsteien, wie dies bei Eytel Treutwein, Decan, der Fall, welcher Propst in

*) Später zum Propste erwählt, siehe Nro. 9 dieses Verzeichnisses.

Neuhausen war und von dem Bischofe zu Würzburg, Jahr 1535, in gleicher Eigenschaft für Comburg ernannt worden war.

Bei Gelegenheit dieser Kloster-Regenten sei noch angefügt, daß solche ein Stifterbuch führten, und dürften als Beispiel die Aufzeichnungen vom zweiten Decan Conrad Schenk von Schenkenstein dienen.

„Item ich Weyprecht, Schenk von Schenkenstein, Chorherr und Cantor zu Khomberg habe diesen meinen Herrn Vetter seelich seinen Stein auflasen richten im Münster uff das beste, als ich khandt."

„Anno Domini im J. 1525 in Bauren-Krieg, da gab mihr Herr Georg von Pfiswang diß Stifterbuch, da schrieb ich allerley Handlung, die vorstet darein undt dar nach biß der Fronhoffer Dechant ward, da gab ich es ihme, da stund unser Sachen nit vast woll. Hilff Gott Du ewiges Wort dem Leib hie, der Seel dort. Weyprecht Schenk von Schenkenstein.

Unter den geistlichen Regenten zeichnet sich aber vor allen der 3. Abt Herdwig aus, neben Burkhard und Wignandt als dritter Stifter von Comburg bezeichnet und mag daher eine Stelle in der kleinen Chronik theilweise Platz finden:

„„Herdwig hat den großen übergülten Leuchter wie ein Cron sehendt so ob der Stiffter Sarg hanget (von dem in Abschnitte V noch die Rede sein wird) item zwo vbergülte taffeln die Bildnus Christi jüngsten Gerichts, und zwölf Botten in die Eine welche zu S. Gülgen vfm fürdern Altar stehet, gestochen:

Aber die ander, so zu Comburg fornen am hohen Altar stehet, ist viel größer, deren Bild sein austriben mit vil eingefaßten edlen gestainen, als Tipasion, Amicholis, Cristall, Ametisten geschmückt: Item ein gülten Creutz, einer Elen hoch, vier Finger breit, auch mit viel eingefaßten Edlen gestainen, darunter der fürnembst in der mitte ist, ein Gamahu, in größe einer Junghennen Ay, die Bildnuß eines Moren Angesichts vnd Brust habend, geschmükht zu Gnad des Münsters zu Comburg geben, und ewiglich allda zu bleiben verordnet.

Ich werde verursacht, ein wahrhafftige Geschicht vnd christlich Gemüth des hochwürdigen Fürsten Bischofs Conradß zu

Würtzburg, des Geschlechts von Tüngen, vnd wie Gnedig Er
es gegen den Stift Comburg gemaindt, hie anzuzeigen.

Als biemeil durch etlich Landführer, Goldschmidt, vnd die,
so sich der Zeit vmb der Edlen gestain würde gut wissen sollen
haben, der Gamahu im vorerzehlten gülden Creutz zu mehren=
mal vf 1000 fl. geacht worden, vnd das Stift Comburg zur
Lösung etlich' beschwerter Zehenten bedörfftig, wurd Ich als
Comburgischer Syndikus mit solchem Creutz gen Augspurg vf
den Ersten Reichstag, so vnser Allergnedigster Herr Carl der
V., Röm. Kaiser daselbst gehalten, diesen Gamahu zu verkauffen,
damit die Losung solcher Zehenden volbracht möcht werden, abge=
fertigt: ist aber zu Augspurg nit höher, dann vf 100 fl. geachtet
worden, demnach ich mich daselbsten in hochgedachtes meines
Gnedigen Fürsten vnd Herrn von Würtzburg Cantzley gefügt,
darin warumb ich alhero gen Augspurg als der Losung halben
mit diesem Creutz abgefertigt, vnd das der Gamahu nit mehr,
dann 100 fl. gelten wölt, welcher meinem Herrn zu Comburg
für 1000 fl. geacht sey worden, entdeckht vnd wie man sich
mit der Losung, damit das zihl nit vberlauf, sollt halten, vmb
raht vnd hülff gebeten, auch die fürstlichen Räht vnd Cantzley=
schreiber mit Verwunderung das Creutz besehen haben, Doctor
Marsilius vnd Conradt, so beede Braunen, Würtzburgisch Cantzler
vnd Räht, das Creutz hochgedachtem Fürsten zu Würtzburg zu
besichtigen fürgetragen, deme solch Creutz gantz wohlgefallen,
hat beeden Doctoren befohlen, mit mir zu handeln, das ich
sein fürstl. Gnaden das gantz Creutz zu kauffen gebe.

Als eben dieser Fürst solch Creutz fleißiger besicht, sahe,
daß zurückh vfm Creutz mit blauer Farb und großen lateinischen
Buchstaben folgende versch geschmelzet sein:

Auri gemmarum speciale decus variarum,
Sumat pia Majestas, quod collegit egestas,
Sudor et Herdwici, placeat divae genetrici.
Hoc seruet et Ecclesiis Nicolaus tutor plebis.
Aufferat ut si quis studiis illectus iniquis,
Poena marcescat qua sine fine quiescat,
zu Teutsch Summarie also lauttend:

3

Die Gütig Mayeſtatt Gottes empfahe diſe Zierde gülbin,
mancher Edler Stain, welchen die Armut vnd ſchweiß Herdwigs
geſamlet hat, gefalle der heiligen Gottes Geberin, der heilig
Nicolaus, ein beſchirmer des Volffs vnd hauſes, behalt es;
So aber Jemand vnbillicher weiß das von dannen neme, der
werde außgedörrt mit ſtraff, die nimmer aufhöre.

Da ſolche verſch der fromme Biſchoff, darin der will des
Aptes Herdwigs, vnd ſein fluch vber die, ſo dies Creutz von
Comburg nemmen, oder verenderten, ſelbſt leſe vnd verſtunde,
wollt Er das Creutz nit kauffen, noch Andern verkauft zu werden,
geſtatten, ſondern wolt, das ſolch Creutz wie Apt Herdwig begert hette,
ewig beym Münſter Comburg bleiben ſolte, ſich erbietens, be-
hülflich zu ſein, vnd weg für zu nemmen, damit obengeregter
Zehendt gelöſet würde: deßen ich ſein fürſtl. Gnaden billicher
Danth ſaget, vnd das Creutz mit mir wieder heim nach Comburg führet.

Bezüglich des 28. Abtes, Ernfried II. ſoll nach Chroniken-
quellen noch kurzer Erwähnung geſchehen.

„„Dieſer hat gebaut das Gewölb, und die obere Kapell
in unſerer Frauen-Kirche iſt geweyhet geworden, in der Ehre
der 14 Nothhelfer, auch hat er das Kaiſ. Gemach, wie es der
von Stetten angefangen, vollbrachte und ausgebaut, Anno 1482.

Starb am heiligen Oſtertag Anno 1473, liegt im Körner,
den er gebaut, begraben, in einem ſtainern Sarg ſelbiger
Capell im Jahr 1456, an St. Bartolomeus hat dießer Abt
mit Bewilligung Criſtophs Rudolphs von Schernberg zu
Würzburg, den ſtainern Sarg zu Comburg, darinnen der Stifter
Gebein beſchloßen liegt, geöffnet, und darin gefunden, Gebein
in dreien untertaten (Abtheilung), überzwerg getheilt, in dreien
poriſchen liderin Säcklein, jedes beſonders mit 4 bleiernen taffeln
liegend, darin wie nachfolgend geſchrieben in Latein, alſo lau-
tend in deutſcher Sprache:

Am andern Tag des Monats Septembris ſtarb Burkhardt,
Graf von Rothenburg, Stifter dießes Kloſters, an der andern taffel
ſtund alſo geſchrieben, den 18. tag februarii ſtarb Graf Heinrich, ein Bruder Herrn Burkhardts, Stifter dies Orts, an der

3. taffel ſtund in andern unterthat alſo geſchrieben, am 12. tag
Novembris ſtarb der Mönch Wignandt, in der vierten taffel
des dritten unterthats ſtund wieder geſchrieben, am 21. Juni
ſtarb Apt Herbwig ſeelig gedechtnus der 3. Apt zu Comburg,
alſo iſt dieſer ſarg mit gebein und taffeln, worin dieſe Eröff=
nung durch welchen Apt und Beiſeyn, auch welchen tag und
jahr geſchen, beſchriben gelegt, wider beſchloßen worden.

Endlich folge eine neuerdings aufgefundene, in der Zeit=
ſchrift für wirttembergiſch Franken mitgetheilte Urkunde von dem
letzten Abte und erſten Propſte Seyfried vom Holz.

„Wir Seyfried von Gottes Gnaden, Propſt des Stiftes
St. Nicolaus zur Camberg — Bekennen und thun kunth Aller=
menniglich mit dieſem offen Brieffe für uns, alle unſer Erben
und Trewenhänder, Als wir in der Uebergab und Renuntiation
unſers Regiments des Styfts Chomberg dem Capitell überant=
worth und inngeben allen HausRath, Bette, Bettgewandt, Sil=
bergeſchirr, Habern, Korn, Wein, wie dann das Alles und Jeds
Inhalt eines Inventari darüber begriffen ꝛc. haben uns dieſel=
ben Herrn des Capitells, aus gutem Willen, zu unſerm Geprauch
innen gelaſſen dieſe hernach beſchriebenen Stücke, mit Namen —
einen hohen verdeckten Becher, 5 ſilbrin Becher, einen ſchlechten
ſilberin Deckell, 2 beſchlagene Köpff, 3 Küſſin, 2 Pfülwen, 2
Deck, 2 Bettladen, 1 rauhe Deck, 1 Truhen, iſt Abt Triffs=
hauſers geweſt, 2 Behälter, vier meſſin Becken, 3 meſſin Leuch=
ter, 1 hoch meſſin Gießfaß, 1 meſſin Gießfaß an der Wand,
1 Mörſer, meſſin oder örin, 4 Stempffel, 2 zinn Schenkkanten,
1 Seſſel von Holz, 1 kupfferin Becken, 1 Scheibentiſch, 2 Schreib=
tiſch, 1 alte Sibelln, item das Küchengeſchirr in der Pröpſtei,
item 5 große und 3 kleine Pfannen, 11 groß und kleine örin
Häfen, 4 Keſſel, 2 kupfferin Becken, 3 Bratſpieß, 3 Hackmeſſer,
ein Steckmeſſer, 1 Mörſer, 1 Stempffel, 1 Hofell, 1 Durch=
ſchlag, 2 Roſt, 1 Bratpfannen, 1 Dreyfuß, 14 großer und
2 kleiner Zinn, item der Hausrath im Bauhof, item 5 Wägen
mit Geſchirr und Zugehörd für 20 fl., für 10 fl. vier Kühe,
für 12 Schwein 7 fl., für 12 Ochſen 2 Pflüg mit ihrer Zu=
gehörd 67 fl., item 8 Bett und Bettlin, 1 Deckbett und 6

3*

Decke, 4 Pfülwen, 7 Küssin, 6 paar Leylacher, item 2 Kessel und 2 Pfannen in der Küche, item — mehr — 4 Tischtücher, 4 Handzwelen, 2 Umbleg uff Tisch in der Probstei — Ist in Abred funden worden — das Alles und Jedes wir unser Leben lang zu unsrer zimlichen Notturft geprauchen sollen und mögen, doch solches in gutem Wesen zu halten.

Und so wir nach göttlicher Schickung aus dieser Welt mit Tod verschieden seyn, so soll alsdann ohne alle Irrung, Intrege und Verhinderung aller und jeder unserer Erben und Getrewenhänder und Allermenniglichs von unsern Wegen die vorgeschriebenen Stück dem Herrn des Capittells wieder werden, erfolgen und bleiben, damit zu thun, wie mit anderem des Styfts gemeinem Gut.

Und was über die vorberührten Stücks, Hausraths, Silber=geschirr, Küchengeschirr, Bettgewand, Kleider, Cleinot, Barschaft, Wein, Korn, Habern, Pferd, Vieh, Wägen, Pflüg und anderes in unsrem Gewalt und Behausung funden würd, dasselbe Inhalt unsres Testaments unsern Erben und Getrewenhändern erfolgen, werden und bleiben. —

Und daß zur Urkund, haben wir unser Pröpstey Secret In=Siegel öffentlich gehangen an diesen Brieff und zu mehrer Zeugniß gebeten den ehrbaren und vesten Hansen vom Holtz, Amptmann zu Neuenstein, unsern lieben Vettern, daß er seyn eigen Insiegel auch hieran gehenkt hat.

Geben uff Mittwoch nach Kilian, Nach Christi Geburt 1498.

Für die Beysetzung der Kloster=Genossen dienten verschiedene consecrirte Orte, nemlich der Platz vom Kreutzgange umgeben, und ein zweiter vor der Basilika gegen Osten, wovon später noch die Rede seyn wird.

Die hervorragenderen unter den Vorstehern der Benedic=tiner=Abtei wurden theils in der Kirche selbst, theils im Kreuz=gange, einige wie der 11. Abt Conradt zu St. Gülgen beerdigt.

Auch Mitglieder adeliger Familien, welche dem Kloster besondern Schutz oder Stiftungen zukommen ließen, fanden die letzte Ruhe in Comburg, dieß beurkunden in den alten Kapellen und Kapitelsaale viele Grabbenkmale, wie der Schenken von Lim=purg, Grafen von Hohenlohe, auch adeliger Familien Hall's; so fand das Begräbniß von Johann Spieß, dem letzten seines Geschlechts, Jahr 1549 in der St. Johannes-Kapelle statt, desgleichen im Dezember 1596 dasjenige von Heinrich Kraft zu Sulbürg in der Stiftskirche selbst.

Es liegen auch Fälle vor, daß die Aebte in dem Kloster St. Jakob zu Hall beigesetzt worden sind, dieß ist zum Beispiel bei dem 6. Abte Engelhardt, genannt Leo geschehen, ferner bei dem 17ten Sifried von Moorstein, gestorben 1260, dem 23. Abte Heinrich Sieder, gestorben 1370.

Abschnitt V.

Bauten und Monumente.

Wenn man von der Ebene herniedersteigt, welche der mit einer Kirch=Ruine der 14 Nothhelfer gekrönte Ankorn beherrscht, durch eine enge an mächtigen Sandsteinbrüchen vorüber ziehende Bergschlucht, so bietet sich bei der Oeffnung derselben ein Anblick, zumal in abendlicher Beleuchtung dar, welcher auch den verwöhntesten Kenner monumentaler Schöpfungen überraschen dürfte, rechts kaum einige hundert Schritte auf mäßiger Höhe Comburg, links in noch geringerer Entfernung St. Gülgen, oder Klein=Comburg.

Wie die 3 romanischen Thürme von Comburg so heimisch als traurig herniederschauen zu der stammesverwandten Kirche von St. Gülgen; ist es nicht, als wollten sie klagen über den Verlust ihres eigenen Münsters, welchen sie 6 Jahrhunderte bewacht, an dem solche groß gezogen und ausgewachsen waren?

Doch den Beschauer zieht es weiter zur Burg selbst, umgeben von grünenden Hügeln, zeugend von dem Fleiße der Menschen, an deren Fuße südwestlich lang gestreckt das mit Fabriken und Wasserwerken emsig arbeitende Steinbach liegt; noch erinnern manche Bauten und 4 stattliche Thore an das Sprüchwort, „unter dem Krummstabe ist gut wohnen."

Von Steinbach lauft in einem Halbbogen der Weg südwestlich mittelst der sogenannten Bildersteige (von den daselbst situirten heiligen Stationen betitelt) hinauf nach Comburg, die Ebene von jener wird rechts von einem massiven, durch Propst Neustetter zu Ende des 16. Jahrhunderts errichteten Bau beherrscht, solche diente früher als Vogtei=Wohnung und ist jetzt zum Sitze des Commandanten vom Invaliden=Corps umgewandelt.

Eine 300jährige Linden=Allee führt dagegen von Osten ebenfalls aufwärts und vereinen sich beide Wege vor dem ersten, einem modernen eisernen Staketen=Thore des Schlosses, welches das gräfliche Wappen der Stifter Comburgs, trägt mit den Emblemen der Fülle und Macht, durch 2 colossale Figuren zu beiden Seiten sitzend, versinnlicht.

Die Aufschrift des zweiten Thores: „Laeso aut exhausto defensori patria" bekundet, daß eine weitere Wandlung mit der frommen Stiftung des gottseeligen Burkhardts vor sich gegangen, wiederum Bewohner, Veteranen des Mars in gemüthlichem Stillleben hinter den bemoosten Mauern zu finden sind.

Dieses zweite Thor mit der Jahreszahl 1560, welchem sich die äußeren Ringmauern sammt deren Thürmen zu beiden Seiten anschließen und Comburg umfangen, wurde erbaut von dem 10. Decane, zugleich Propste von Neuhausen, Erasmus Neustätter, genannt Stürmer, regierte vom Jahr 1551 und starb 1594.

Es wird von demselben gemeldet, daß er für den 4. Stifter Comburgs gehalten worden sei und weiter errichtet habe die neue Behausung auf dem Kirchhofe, 4 steinerne Chorhäuslein vor dem Stifte, die neue Mühle zu Steinbach und das Kornhaus daselbst.

Erasmus ließ ferner die Kirche renoviren, viele zerfallene Mauern wieder aufrichten und stiftete mehrere Pfründen für arme Leute zu Steinbach.

Es ist die Energie dieses Mannes um so mehr anzuerkennen, als unter dem 6. Dechanten, Krafft von Rupingen, welcher 1528 seines Amtes entsetzt war, das Kapitel in großer Noth gestanden.

Durch das zweite Thor getreten, steht man in den Außenwerken des späteren Schlosses und kommt in das Innere desselben durch ein drittes geleitet.

Dieses romanische Thor, mit einem Tonnen=Gewölbe und Gurtbögen versehen, 41 Fuß tief, eines der ältesten Gebäude Comburgs, ein seltener Ueberrest kriegerischer Befestigung im Mittelalter, beherrscht von einer Säulen=Gallerie im Rundbogen=

Style, mit Zahnschnitt=Reihen auf dem Sockel, zeigt über seinem äußeren Bogen einen Bildrahmen, ebenfalls in verwechselten Zahnschnitt=Reihen ausgeführt, welcher auf Löwenköpfen mit dem Sparren im geöffneten Rachen, den Wappen=Emblemen der Grafen von Comburg, ruht.

Wie die Thor=Oeffnung, so verjüngen sich auch die Schenkel dieses Bildrahmens, in welch' letzterem (nunmehr übertüncht) als Frescobild ein thronender Christus auf himmelblauem Grunde war, zu beiden Seiten von einem knieenden Heiligen umgeben.

Genanntes Thor wird von 2 Thürmen flankirt, deren Zierlichkeit einen äußerst freundlichen Eindruck gewähren. Die Thurmfenster tragen über ihren Würfelknäufen jenen Aufsatz, welcher in der romanischen Baukunst so häufig einen tiefen Bogen= Anfänger unterstützt; der Einbau der 2 Thürmchen ist nicht erhalten, ebensowenig die ursprünglichen Dächer, die wirklichen sind in diesem Jahrhundert aufgesetzt und mit Kreuzen versehen worden. Zwischen beiden Thürmchen befindet sich ein Gebäude, etwa 15 Fuß breit und 31 Fuß lang, mit einem Dache von neuerer Zeit.

Der Einbau, welcher mehr destruirt, als dem Zahne der Zeit unterlegen zu sein scheint, enthielt die St. Michaelis=Capelle, in deren Altarnische noch Rudimente von Frescomalereien sichtbar sind, solche kam unter dem 26. Abte zu Stande und es heißt:

„Unter diesem Abte Ernfried haben die von Hohenstain gebaut, und gestüfft (ihrem Bruder zu lieb), der ein Mönch zu Comburg gewesen, Sanct Michaelis=Kapell daselbst mit zweien ausgehauenen Stainin thurn, die ob den Ihnern Thore stett soll ein Abconterfeyung sein, St. Michaelismünster uff dem Berg Gorgona, da etwan bey vnser Vätter Zeitten die jungen Knaben gelingen Hauffen weiß hingewalt haben."

Dieses Ereigniß wird mit den Worten gemeldet:

„Am Donnerstag nach Pfingsten haben zu Hall in Schwaben über 100 Knaben wider ihrer Elternwillen eine Wallfarth nach St. Michael vorgenommen, wozu ihnen jedoch der Rath zu Hall aus Vorsorge einen Schulmeister mit einem Esel mitgegeben, damit nichts Böses geschehen möchte.

Diese Knaben seyen zur Wallfahrth nach St. Michael in der Normandie in Frankreich ganz schnell und plötzlich erregt worden, und haben sich sogar auch von ihren eigenen Müttern nicht halten lassen, sonst seyn bei einigen gleich der Tod erfolgt. Nachgehends seie eine große Pest entstanden.

War wohl eine seltzsame und wunderliche Begeisterung."

Durch die Halle des dritten Thores gelangt man in die ehemalige Burg und zwar wahrscheinlich in den äußeren Theil derselben, ein kurzer Bühel, rechts mit einem vom 15. Dechanten J. A. Truchseß zu Hoffingen 1623 erbauten Wohnhause begrenzt, links von einer neueren ungefähr 20 Fuß hohen Steinbrüstung eingefaßt, geleitet zu 2 Gebäuden, von welchen dasjenige zur rechten Hand die neue Dechanei in einfachem italienischen Style, massiv von schönen Sandsteinen ausgeführt, zeigt; dasselbe wurde im 18. Jahrhunderte als neuer Wohnsitz der Dekane begonnen, und ist der Mittelbau sammt linkem Flügel, welch' letzterer etwa 100 Schuh lang, vollendet; mit dem ausgeführten rechten Flügel angelehnt an das dritte Thor, würde das Schloß gegen Südosten, hinter demselben die Kirche nebst den 3 Thürmen gelegen, einen regelmäßig abgeschlossenen, äußerst imposanten Anblick erhalten haben.

In der über dem Portale gegen die Kirche angebrachten Devise von reiner Arbeit sieht man Ritter Burkhardt stehend in der Mitte, die rechte Hand hält eine Rolle, die linke das Wappen mit dem Löwenkopfe und Sparren, in halb liegender Stellung zeigen sich 2 weitere Ritter, welche ebenfalls jenes mit der Hand berühren, an der Giebel=Front gegen Osten findet sich die ganz gleiche Darstellung.

Ein alter Stiftskalender gibt das Bild der 3 stiftenden Brüder, von 2 zur linken sitzenden Rittern weist der vordere mit einem in der rechten Hand haltenden Stabe auf das Stift, mit der linken aber lehnt er sich auf einen Schild, darin die Worte zu lesen: „Tres Fratres Burcardus, Henricus, Rutgerus, Comites de Rotenburg fundarunt Anno Christi MLXXVIIII" Der zur Rechten Sitzende lehnt sich auch mit der rechten Hand auf einen Schild, in welchem auf blauem

Felbe der Löwenkopf mit dem goldnen Sparren zu sehen. Nicht so leicht ist die Bestimmung des zur linken Seite sich befind= lichen Gebäudes zu nennen, das früher nach der Meinung Vieler als Taufkapelle gedient hätte, später zum Archiv benützt worden war.

Es ist ein massives freistehendes Sechseck mit einem Ziegeldache neuerer Zeit, das an die Stelle einer pyramidalen Bedachung von Stein gesetzt, und mit einem von Rundbogen= Arkaden und schlanken Würfel=Kapitäl=Säulen gezierten Umgange versehen ist.

Das spitzbogige Gewölbe der Kapelle wird mitten von einer schlanken, schön bekorirten Säule getragen, die Wände derselben sind mit frisch erhaltenen Frescobildern des 16. Jahr= hunderts geziert, zunächst über dem Altar gegen Norden ist der heilige Erhart, Kilian, Nikolaus und Erasmus abgebildet, die übrigen Seiten enthalten die Apostel Mattheus, Markus, Lukas, Johannes, ferner Daniel, Johannes den Täufer, Petrus und Paulus. Unterhalb der Kapelle führt ein gewölbter Treppen= gang zu dem Dome des heiligen Nikolaus, dieser scheint nach seinem breit gespannten Bogen in Vergleichung mit der so niedrigen Oeffnung gegen die Kirche viel tiefer angelegt, viel= leicht das Hauptthor oder doch die Stelle zu demselben in die innere Burg selbst gewesen zu sein.

Nach den Regeln alter Befestigungen mußte man, um in das Innere einer Burg zu kommen, durch mehrere feste Thore und die zwischen innen liegenden Vorhöfe gehen, solche äußere Ver= theidigungs=Räume konnten gegen die eigentliche Burg abge= schlossen werden, dies bei Comburg angenommen im Einver= ständniß mit den Worten der Stiftung selbst, Abschnitt III. „hat Graf Burkhardt etlich seiner geheimsten Diener zu sich berufen und die porten des schloß und vorhoffs Comburg beschloßen, dem Hoffgesindt ihre Fahrnuß und Kleider oben vom Thurm der porten herab geworffen," so wäre das ursprünglich als Eingang und zur Vertheidigung dienende Gebäude in seinem oberen Gelasse, und wenn man letzteres und dessen Bogen aus einer Hand gefertigt annehmen wollte, bis auf den Grund ab=

gebrochen, später in eine Tauf=Kapelle verwandelt worden, um nach dem früheren kirchlichen Gebrauche den Kindern (als ge= borenen Heiden), erst nach geschehener Taufe den Eintritt in die Kirche selbst zu gestatten.

Die Ansicht möchte unterstützt werden durch die theilweise zugemauerten zwei Ausgangs = Oeffnungen*) besagter Kapelle, gegenüber der Kirche und könnte hienach die Idee, Kinder zur Taufhandlung auf der Seite in die Kapelle zu tragen und solche sobann als Mitglieder der christlichen Gemeinde durch das Haupt= Portal nach der Kirche zu bringen, ausgeführt erscheinen.

Für die Bestimmung fraglichen Gebäudes dürfte ferner sprechen der Umstand, daß die Abtei Parochial=Rechte besaß und deßhalb die sacramentalen Taufhandlungen vollführte, dieselbe auch Leitung und Verwaltung der ehemaligen Mutterkirche Stein= bach, wahrscheinlich schon zu Anfang des 15. Jahrhunderts, wenn nicht früher an sich zog, daselbst aber vom Jahr 1488 an, als dem Zeitpunkte der geschehenen Umwandlung der Abtei in ein Ritterstift, Gottesdienst nur durch Chorvikare abhalten ließ.

Eine Analogie für den dienstlichen Zweck dieser Kapelle findet man in einer gleichen, zu dem imponirendsten Schlosse Westphalens, der Hinnenburg gehörig, der alte Sitz der Grafen von Asseburg, 1779 im Mannsstamme ausgestorben, und noch in der weiblichen Linie Bochholz=Asseburg fortblühend.

Dieser Bau hat nach Urkunden als Baptisterium gedient und besteht in einem Achteck, das Dach erhebt sich gegen die Mitte zu einer Spitze von 4 erkerartigen Vorsprüngen flankirt; vielleicht dürften wir uns die Bedeckung der Comburger Tauf=Kapelle hienach 6kantig, mit 3 erkerartigen Vorsprüngen versehen, ebenfalls denken.

Treten wir mittelst des Durchgangs der Kapelle auf den jetzigen Vorplatz der Kirche selbst, so erblicken wir rechts den sogenannten Adelmanns= mit seinem daranstoßenden alten Vicarien= Bau, links etwas entfernter, das oberste Stockwerk der gegen Süden gestellten, an den Berg angelehnten Propstei, ausgeführt durch den 1. Propst Seyfried vom Holz, erweitert und renovirt

---

*) Von denselben aus sollen Brücken gelegt gewesen und mit der Basilika in Verbindung gestanden sein.

durch Propst Neustetter zu Ende des 16. Jahrhunderts; über dem im Renaissance-Style hergestellten Keller-Portale gegen Osten zeigt sich daher das Wappen von Neustetter in Gemeinschaft mit demjenigen des Stiftes.

Die Façade der ehemaligen Propstei zeigt kein weiteres Wappen, es sind die 2 hohen Eingangs-Portale, welche dieselbe ohne Zweifel nach Mauerspuren besaß, zusammengerissen, und durch kleine, halbrunde Hausthüren in diesem Jahrhundert er-gänzt worden. Gelegentlich ist noch zu bemerken, daß im Hintergrunde der Burg die Fronte nach Nordwesten ein längeres Gebäude (jetzige Casernen-Inspection) steht, in dessen Mauer gegen den Schloßhof das Wappen der Edlen von Vellberg mit dem Abts-stabe oberhalb des Adlerflügels sich darstellt; der Löwenkopf mit dem Sparren, welcher jenes gehalten, ist abgeschlagen und noch Spitzen von Tatzen sichtbar.

Hienach war dies die Wohnung der Aebte und erbaut oder wahrscheinlich renovirt vom 26. Abte Ehrenfried von Vell-berg, g. 1418, oder Ehrenfried II. von Vellberg, g. 1476.

Nach der Situation stund die Abts-Wohnung durch den Kreuzgang in unmittelbarer Berührung mit der Kirche und den verschiedenen Kloster-Räumen.

Die im Jahr 1082 ausgebaute Basilika mußte der jetzt bestehenden vergrößerten Kirche weichen, welche in den Jahren 1707—1715 von Würzburger Architekten im damaligen ita-lienischen Geschmacke zu Stande gebracht, sich durch edle Pro-portionen und reiche Stuck-Verzierung auszeichnet, insbesondere im Hauptschiffe eine von schönem Sandstein gefertigte corynthische Säulen-Ordnung enthält, die von manchem Besucher, weil über-tüncht für Gypsarbeit gehalten, nicht gewürdigt wird.

Noch stehen die 3 alten, zwischen 1080 und 1140 er-bauten Thürme, mit steinernen, achtseitigen Spitzdächern, dieselben gehen vom viereckigen in den achteckigen Baustyl über, stellen ein sonores, pyramidales, mit kühn angebrachten Erkern ver-schönertes Bild dar, und gewähren den wohlthuendsten und maßvollsten Anblick, namentlich glänzen die 2 südöstlichen Thürme durch Friesbogen- und Lisenen-Zier.

Der nordwestliche Thurm ist älter, etwas höher und ein=
facher in der ganzen Structur wie jene.

Als Sonderbarkeit möchte gegenüber dem Zeitraume der
Erbauung zu beachten sein, daß die angebrachten 2 Fenster in
der höheren Etage der 2 südöstlichen Thürme durch den Rund=
bogenstyl, dagegen die weiter unten sich befindenden in Spitz=
bogen=Manier ausgeführt sind.

In Beziehung auf die Glocken der Thürme ist zu erwähnen,
daß in solchen auffallenderweise keine alten sich vorfinden.

Im größeren nordwestlichen Thurme hängt eine Glocke von
1772, im südwestlichen von 1630, eine ohne Jahreszahl, aber
keinesfalls sehr alt, obgleich mit Majuskelschrift und eine von 1582.

Die älteste im südöstlichen Thurme, mit der Jahreszahl
1521 führt die Aufschrift (in Minuskeln):

osanna heis ich. in unser fraen er leut ich. bern-
hard lachaman gos mich. IGZI.

Die Inschrift aber lautet:

VÆRNŒ. AS. WART. NIÆ. SO. NOT.
HÆRRŒ. S. NICELAVS. NV. BÆROT.
wann es ward nie so noth
Herre st. nicolaus uns beroth.

Die beiden anderen in diesem Thurme hängenden Glocken
tragen Aufschriften und zwar die größere:

ad perpetuam memoriam me fecit leonhardus Löw
laudate deum in cymbalis bene sonantibus anno 1630.

die kleinere:

Bechtold meslang zu hailpronn gos mich 1582.

Nach der Ordnung, welche bei den Basiliken bezüglich ihrer
Thürme eingehalten wurde, muß diejenige von Comburg zum
ersten Range gehört haben, da solche 3 Thürme besessen hat
und zwar vorschriftgemäß ein Thurm über dem West=Portal und
zwei kleinere neben dem Chore, hienach dürfte auch sicher ange=
nommen werden, daß der Chor der Basilika an der Stelle des
jetzigen sich befunden hat.

Mit der freien Ausbildung des Christenthums entwickelte

sich, auf die antike Kunst fußend, die altchristliche, deren groß=
artigste Aufgabe zunächst der Kirchenbau wurde.

Die vorhandenen Basiliken, Gerichtshallen der Römer, gaben
die Vorbilder ab für die Anordnung der größeren gottesdienst=
lichen Versammlungsorte der ersten christlichen Gemeinden; hiernach
erhielten sie wie jene einen länglich vierecken Grundriß, ge=
wöhnlich der Länge nach durch zwei Säulen=Reihen in 3 Schiffe
getheilt, mit einem halbkreisförmigen Anbau für das Tribunal.

In diesem Anbau, die Absis genannt, setzte sich im Halb=
runde (Synthronos) die höhere Geistlichkeit, und in deren Mitte
auf erhöhtem Sitze (Bema) der Bischof oder der Oberste.

Vor diesem stand der Altar unter einem Baldachin (Ci-
borium), das Ganze auf erhöhtem Fußboden und durch Schranken
(Cancelli) vom Schiff (Naos) getrennt — hieß der obere Chor.

Davor war der Unterchor (Solea) angeordnet, etwas weniger
erhöht und auf allen vier Seiten von Schranken umgeben, dieser
Raum war für die Subbiaconen, die Lectoren und Cantoren
bestimmt, und hatte zu beiden Seiten Kanzeln (Ambonen) mit
Pulten, zum verlesen der Evangelien und Episteln.

Diese Einrichtung hat sich in St. Clemente zu Rom vor=
züglich vollständig erhalten. Der ganze übrige Raum im Innern
war für die Gemeinde bestimmt.

Die Kirche besitzt ausgezeichnete Leistungen im romanischen
Style, vor allen ist der durch Abt Herdwig gestiftete und von
Decan Neustetter, Jahr 1570 renovirte colossale Kronleuchter
zu nennen, dessen Arbeit aus dem Anfange des 12. Jahrhunderts
herrührt, derselbe hat 16 Fuß Durchmesser; im Dome zu Aachen
befindet sich ein Seitenstück 12 Fuß und ferner ein dritter in
Hildesheim, 21 Fuß haltend, obgleich letzterer hienach der größte
ist, so steht derselbe in künstlerischer Richtung viel einfacher, aus
einer späteren Periode stammend, beiden erstern nach, und soll
gemäß neuerer technischer Untersuchung der Comburger den
Aachener noch übertreffen. Der metallene Kronleuchter, gut
vergoldet, führt in seinem Reife 12 Thürme als Symbol von
Jerusalem und ist mit den 12 Aposteln und den Propheten
ausgestattet.

Eine herrliche, fleißig bis in's kleinste Detail ausgeführte Blumen=Ornamentik verbindet sich mit Darstellungen aus dem menschlichen und thierischen Kreise, der Kronleuchter wird durch Ketten gehalten, welche sich in einem Christusbilde vereinen mit den Worten: „Ich bin das Licht der Welt."

Im Jahr 1851 restaurirt, prangt nun der Kronleuchter in dem ursprünglichen Zustande.

Von beinahe nicht geringerem Interesse ist die Decke der Vorderseite des rechts sich befindlichen Seitenaltars (Antipendium), es stellt Jesus mit den 12 Aposteln in uralter Manier vor und soll nach der Sage das Geschenk eines aus dem Kreuzzuge heimkehrenden Ritters sein.

Die Filigran=Arbeit steht auf gleich vortrefflicher Stufe, wie die emaillirten verschiedenartigsten Partieen, und müßten restaurirt, die ausgebrochenen farbigen und edlen Steine wieder ergänzt, etwas ganz Ausgezeichnetes bilden.

Weitere monumentale Merkwürdigkeiten aus vorgerückterer Zeit enthält die Kirche noch verschiedene, so namentlich 3 Grab= male u. s. w.

Auf der westlichen Seite der Kirche steht die älteste Kapelle des heiligen Bartholomäus, von welcher die geschichtlichen Auf= zeichnungen einstimmig sagen, daß solche schon zur Zeit der Burg bestanden habe, es heißt:

„Mittlerweile (so lange die Brüder Heinrich und Ruger in Krieg = gezogen) hatte Graf Burkhardt etliche andächtige Brüder aus St. Jakobskloster zu Hall zu sich erfortert und genommen, welche in der Kapelle St. Bartholomäi die sieben Zeiten halten mußten, und in Graf Burkhardts Behausung wohnten."

Ebenso sagt Schenk in seiner Geschichte:

„in hujus montis occidentali parte habebatur capella in honorem St. Bartholomaei dedicata, juxta quam quercus excreverat; sub hujus umbra sedendo sive jacendo quiescere solebant." (comites.)

Ehe jedoch der eigentliche Boden dieser Kapelle beschritten wird, gelangt man in einen kleineren, höher gelegenen Raum, getrennt von jener, welcher nach der noch einzeln vorhandenen

Säule zu schließen, viel größer gewesen sein muß, und vielleicht den Kapitelsaal bildete; ohne eine derartige Unterstellung hätte die Placirung dieser Säule keinen Sinn, und ist solche wohl der Rest einer vertilgten Säulen=Gallerie, die dem vorgeschobenen jetzt noch stehenden Einbau weichen mußte, dagegen würde der Grabstein vom Abt Ernfried, welcher im Anfange des Kreuz= ganges zu sehen, nicht sprechen, weil solcher erst später an diese Stelle versetzt worden ist, und früher in der Basilika selbst sich befand. In dieser Kapelle, durch Rundbogen=Arkaden geschieden, steht ein romanischer Lesepult auf den 4 Ecken von Säulen mit Würfel=Capitälern eingefaßt und gegliedertem Sockel versehen, jene enthält, wie bereits erwähnt, Grabmale aus dem Geschlechte der Grafen von Hohenlohe, Schenken von Lympurg u. s. w., die Kapelle scheint in früheren Zeiten schon nach der Structur der Licht=Oeffnungen höher gewesen, und dürfte zu Anfange des 18. Jahrhunderts, aus Veranlassung der abgebrochenen Basilika sowie des über die Decke der Kapelle hinstreichenden, um jene Zeit im 2. Stocke errichteten neuen oder kleinen Vicarien=Baues, mit der jetzigen, keineswegs symmetrisch zusammengefügten rohen Holzdecke versehen worden sein, es wird diese Vermuthung noch unter= stützt durch den Umstand, daß die in romanischen Kirchen und Kapellen vorherrschende flache Balkendecke hier keineswegs ausge= führt erscheint, wenigstens einige Balken offenbar aus früherer ander= weitiger Verwendung hieher transferirt worden, etwa der Decke der abgetragenen Basilika entnommen sind, indem einige der ersteren noch abgerissene Ueberreste von Blumen und Verzierungsschmuck in gut erhaltenen Farben zeigen.

Jetzt noch lebende alte Leute wollen von ihren Ahnen ge= hört haben, daß in besagtem Orte ein Altar gestanden und Gottesdienst stattgefunden habe.

Demnach wäre der Altar an derjenigen Mauerstelle ange= bracht gewesen, welche jetzt das vom Holz'sche Epitaphium enthält, und das notorisch bei dem Umbau der Kirche hieher versetzt worden ist.

Ueber die ursprüngliche Bestimmung dieser Bartholomäus= später größere Schenken=Capelle genannt hat sich im Archiv für wirtembergisch Franken ein Streit darüber entsponnen, ob solche wirklich als religiöse Stätte oder als Speisesaal gedient habe.

Gegen letztere Behauptung möchte im Hinblick auf die be=
reits im Archiv entwickelten Momente ferner sprechen:

1) Die Grabsteine, welche den Fußboden bilden und ganz abgetreten sind, können doch nicht seit dem vollendeten Umbau der Kirche 1715 in diesen Zustand gerathen, sie müssen also daselbst schon früher gelegen sein und verneinen daher die Be=
nützung des Locals als Speisesaal; will man aber der Ver=
muthung Raum geben, benannte Grabmonumente wären erst nach dem Umbau der Kirche dahin gekommen, so ist nicht wohl begreiflich, warum der frühere Fußboden des Speisesaals ent=
fernt worden sein sollte.

2) Wenn zu dem Speisesaal, wie behauptet wird, der etwas höher gelegene Vorplatz, abgesondert durch eine Rund=
bogen=Gallerie als Appendix gehörte, so müßte dieser ein un=
verhältnißmäßig großer gewesen sein, denn es ist ja sichtbar, daß besagter Vorplatz durch eine in neuerer Zeit eingesetzte Wand abgekürzt worden ist, welche sich ohne alle technische und sym=
metrische Verbindung gegenüber von Raum und Decke zeigt.

3) Es ist keine Spur in diesem anstoßenden Gebäude von einer daselbst eingerichtet gewesenen Küche vorhanden, welch' letztere sich gewiß nicht mit einer Seite an den Kreuzgang an=
gelehnt haben würde.

4) Die Balkendecke der Kapelle ist offenbar eine ganz flüchtige rohe Arbeit jüngerer Zeit, was bereits in diesem Ab=
schnitte ausgeführt erscheint.

5) Der erwähnte romanische Lesepult gibt weder für noch gegen einen Speisesaal Zeugniß, denn es ist bekannt und wissen=
schaftlich bestätigt, daß derartige Gegenstände auch in Gelassen zum kirchlichen Zwecke unmittelbar dienend aufgestellt wurden.

6) Wohin ist die bei Errichtung der Abtei im Gebrauch gestanden Bartholomäus=Kapelle zu verlegen?

Dürfen die bei den Steinbachern noch bestehenden früher angeführten Traditionen über Bord geworfen und Fröschels Chronikworte, wonach ein Altar in der großen oder innern

4

Schenken=Kapelle neben dem Grabmal des Schenken Conradt gestorben 1376, gestanden, ganz umgangen werden?

Wenn in Erwägung gezogen wird, daß die Stelle, an welcher der Altar gestanden sein soll, eine geschonte, früher gegen Luft und Licht gedeckte Mauerwand zeigt, und der nun daselbst befindliche Gedenkstein Seyfriebs vom Holz bis 1705 in einer Seiten=Kapelle der Basilika war, so möchten auch diese Umstände gegen die Benützung als Speisesaal sprechen.

7) Auch der letzte Einwand, es hätte der Kapelle ein Chor gefehlt, erscheint nach der jetzigen Oertlichkeit gerade nicht schlagend, denn es ist die Vermuthung, ein solcher sei vorhanden gewesen, nicht ausgeschlossen, wenn bedacht werden will, daß gegen Osten, somit an der Stelle, wo der Chor in der Regel ausgeführt wird, die Erbreiterung der Kirche stattgefunden hat, und in dieser Hinsicht noch Bauspuren sichtbar sind.

Ein Schwibbogen verbindet die äußere dem Joseph geheiligte oder kleine Schenken=Kapelle mit der innern an deren südlichem Theile. Der Stifter von jener ist Schenk Friedrich V. und ruhet vor dem Altare. Derselbe ist in Lebensgröße sammt seiner Gemahlin Susanna aus dem Geschlechte der Thierstein an den zwei entgegengesetzten Ecken der Kapelle in Sandstein gehauen.

Zwischen den kaum mehr erkennbaren Wappen war zu lesen: Anno Domini ccccLXXIIII starb der Edel und Wohlgeborene Streng Herr Friedrich Herr zu Limpurg des hailigen Römischen Reichs Erbschenk und Semper frei.

Kommen wir durch die bezeichneten beiden Kapellen wieder zurück, so gelangen wir in den Kreuzgang nach Osten gewendet und begegnen daselbst dem Denksteine des 26. Abtes Ernfried von Vellberg zu dessen linker Hand die Randschrift (mit goldnen Buchstaben) nur den Namen sammt der Jahreszahl Anno Dom. M°cccc°IIII enthält, zu seiner Rechten steht: „honore nicolai episcopi patroni hujus monasterii", die Unterschrift zu den Füßen fehlt, dagegen sind von den 4 Familien=Wappen 3 gut erhalten.

Der Kreuzgang lehnt sich an das alte Dormitorium wohl in Verbindung mit dem früheren Refectorium gemäß der

Stiftungs-Urkunde (siehe Abschnitt III.) selbst: „also hat Graf Burkhardt den 25. Mai Ao. 1070 angehebt zu bawen vnd den ersten Stain an das Kloster Comburg vnd das Münster, wie es noch steht, gelegt, sambt dem Schlaffhaus vnd Neuenfall Creutzgang, ausgenommen die 3 stainen Thürm rc.

Vom 8. Dechanten Eytel Treutwein wird gemeldet, daß er die Mauern an dem Schlafhaus herum wieder habe aufrichten lassen, auch das Halbtheil am Kreuzgang.

Letzterer in 4 Fenster-Arkaden eingetheilt, scheint mit dem gegenüber am Adelmannsbau noch bestehenden Kreuzgange von gleichem Style durch einen Ouergang in Verbindung gestanden zu sein, und das Ganze ein Rechteck gebildet zu haben.

Mit diesem beide Seiten vermittelnden Theile des Kreuzganges gegen Hall stund die älteste Kapelle der Abtei zu St. Maria oder unserer lieben Frau in Verbindung, von welcher noch die Fundamente vorhanden sind und die Wölbung unterhalb der Erde mit Schutt vor nicht langer Zeit aufgefüllt worden ist.

Dieser Kreuzgang wird sich zu beiden Seiten an den unteren Kirchthurm angelehnt haben, an dem Fuße desselben der Eingang in die Basilika für die Mönche vermittelt gewesen sein, da letztere vermöge der Clausur das Gotteshaus unter Benützung eines Eingangs von einem freien, den Laien zugänglichen Wege aus, nicht betreten durften.

Die noch bestehenden 2 Theile des Kreuzgangs besitzen genau in ihrer Mitte Pforten, welche in den Kirchhof mündeten und dadurch unter sich in Verbindung standen; als weiterer Begräbnißplatz diente der Raum vor der Kirche gegen Osten, und sind in Folge neuerdings vorgenommenen Abgrabungen 3—4 Fuß tief eine große Anzahl Menschenknochen zu Tage gekommen.

Hiemit schließt der Kreis derjenigen Gebäude zu Comburg, welche von mehr geschichtlichem Werth sind; endlich ist der Stiftung des Hospitals zu Comburg, durch den 4. Abt Adelbert, gestorben im Jahr 1145, nach andern 1156, Erwähnung zu thun und eines noch am Fuße des Schlosses gegen Osten gut erhaltenen großartigen Gebäudes von 3 Stockwerken, welches

4*

unter dem Namen Stiftskasten die Zehendt und sonstigen Gefäll=
früchte des Klosters aufbewahrte.

Ueber dem hohen Einfahrtsthore gegen Westen ist das
Comburger Wappen mit denen der Guttenberg angebracht, in
dem darunter befindlichen Medaillon sind die Worte zu lesen:

„Wilhelm Ulrich Freiherr von Guttenberg Dom-
propst zu Worms Dechant zu Comburg und Sanct
Burcardin Wurzburg 1705."

Die Geschichte nennt noch eine größere Anzahl von Ka=
pellen außer den bereits besprochenen Bartholomäi=, Tauf=,
Schenken=, Michaelis= und St. Maria=Kapellen, z. B. die von
St. Peter, St. Johann, den 14 Nothhelfern, Martin und St.
Anna, diese sind aber wahrscheinlich mit Niederreißung der
Basilika vollends verschwunden.

Klein = Comburg.

Südwestwärts vom Stifte Comburg durch ein Thal ge=
trennt, welches der Waschbach den Marktflecken Steinbach be=
wässernd, durchzieht, auf einem idyllischen Bergabhange liegt dieses
für Benedictinerinnen gestiftete Kloster, früher St. Gülgen, auch
St. Aegidii genannt, von dem Schutzpatrone der Kirche, im
Volksmunde als Kapuziner=Kloster bekannt.

Es ist bereits zu Abschnitt II. bemerkt, daß Graf Hein=
rich in Gemeinschaft mit seiner in kinderloser Ehe lebenden Frau
Geba nach dem Traume seines Bruders Burkhardt auf dem
Berge, Comburg gegenüberliegend, ein Frauenkloster 1102 zu
bauen fürgenommen, welches 1108 vollendet war.

Der Stifter Graf Heinrich, wahrscheinlich unter Mit=
wirkung Wignandts, übergab das Kloster dem Schuße des Erz=
bischofs zu Mainz.

Im Jahr 1216 aber entstund zwischen diesem und dem
Bischofe von Würzburg ein Streit wegen Bestätigung des Abtes,
der päpstliche Legat sprach dieselbe nebst andern geistlichen Rechten
über das Closter Comburg und St. Gülgen dem Bischofe von
Würzburg zu; Schirmvogt war Graf Heinrich, nach dessen Ab=
sterben das Haus der Hohenstaufen.

Die noch stehende Kirche ist von Gebäuden auf der Süd=
Ost=Seite umgeben, welche zu Ende des 17. Jahrhunderts für
die Franziskaner=Kapuziner aufgeführt worden sind; erstere ist
eine interessante Säulen=Basilika mittlerer Größe, die Säulen
mit plumpen Würfelknäufen und Basen sind stämmig und stark
verjüngt; sehr merkwürdig ist die Anlage des Chors, solcher

erſcheint um ebenſoviel als bie Breite beträgt über das Quer=
ſchiff hinausgerückt, enbigt innen mit ber halbkreisförmigen Chor=
Niſche unb mit außen gerabem Chorſchluſſe.

Die gut erhaltene Kirche zählt 3 Schiffe, beren Decken
einfache Bretter bilben.

Das hohe Mittelſchiff beſitzt auf jeber Seite 3 Säulen
unb ſtützt ſich ferner auf einen inneren Pfeiler; vom Haupt=
Eingange ber Baſilika zur rechten Hand an ber erſten Säule
ſinbet ſich ein Weihwaſſerſtein, von bem Alter ber erſteren auf
Würfel unb attiſchen Baſen gebaut mit einer ovalen Weihwaſſer=
Schale vor.

Das Altarblatt wie auch ber in bie Kirche ſelbſt vorge=
ſchobene, bas Chor ganz verbeckenbe Hochaltar iſt ohne Kunſt=
Werth unb ſtammt von ben Kapuzinern her.

In neuerer Zeit wurden aus Veranlaſſung ber Reſtauration
ber Baſilika Rabirproben an ben bick übertünchten Wänden angeſtellt,
welche auf Fresco=Gemälbe aus ber Periobe ber Gründung bes
Kloſters ſchließen laſſen, jeboch aus Mangel parater Mittel fernere
Nachforſchung nichts in's Leben gerufen, bie Außenſeite ber Kirche
zeigt einfachen Fries= unb Liſenen=Schmuck.

Wenn bie Stiftskirche zu Ellwangen bie größte ber Ba=
ſiliken Württembergs iſt, ſo zeichnet ſich bie von St. Gülgen
burch bas Alter als noch beſtehenb aus, inbem bie allerbings
ältere Aureliuskirche von Hirſchau, 1059—1071 erbaut, be=
kanntlich ber Zerſtörung unterlag.

Unter bem 2. Abte Günther war St. Gülgen vollenbet,
weßhalb auch beſſen ſterbliche Ueberreſte baſelbſt begraben liegen.

Der britte Abt Herbwig aber hat vorzugsweiſe zur Blüthe
bes Kloſters beigetragen, von ihm ſagt bie Chronik: „baß er
viele Schweſtern zu Klein=Comburg verſammelt, ein gut Beiſpiel
gaiſtlichen Lebens gegeben, auch Kloſter unb Garten mit einer
ſteinin Maur umzogen habe."

Der Anblick bieſer reizenb gelegenen Einſiebelei bem Kocher=
thale entlang iſt gehemmt burch bie bavor lagernben Wohnge=
bäube, beſto einbrucksvoller erſcheint berſelbe von ber ſübweſt=
lichen Seite her.

Wie anspruchlos und bescheiden spricht uns dieses Gottes=
haus im romanischen Style an, schweift aber der Blick über
das Dach und erschaut den über dem lateinischen Kreuze an=
gebrachten Dachreiter, wie solchen der Bettel=Orden führte,
so glaubt man sich in ganz andere Verhältnisse und Zeiten
versetzt.

Doch nicht immer verunstaltete diese geschmacklose Erscheinung
den ernsten Bau, einstens war derselbe in entsprechender
Weise gekrönt, durch einen Blitzstrahl am Tage Laurentii 1528
seiner Zierde beraubt, die Worte der Chronik lauten: „es schlug
in die Kirche, das groß Kreuz ob dem Altar alles von ein=
ander, also mußt man den Thurm kürzer machen, that großen
Schaden."

Das Kloster wurde durch den 28. Abt Ernfried von Vell=
berg II. in der Mitte des 15. Jahrhunderts aufgehoben und
dessen Einkünfte zu Comburg gezogen.

Von da an mag sich der Verfall der Wohn= und Oeko=
nomie=Gebäude datiren, an deren Stelle die jetzt bestehenden
getreten sind.

Nach vielen Jahrzehnten kam wieder Leben und Gestalt
in die fromme Stiftung; es berief nemlich zur Ausbreitung der
katholischen Lehre der 17. Dechant Heinrich von Ostheim 1684
in das verlassene Kloster 4 Kapuziner sammt 1 Laienbruder,
welche die Controvers=Predigten gegen die lutherische Lehre in
weiteren Umkreisen halten mußten.

Die Personen, welche sich durch diese Bemühungen der
katholischen Kirche wieder zuwandten, wurden Convertiten genannt,
und erhielten in dem aus Steinmaterial bestehenden großartigen
Convertiten=Bau, der jetzt als Rathhaus und Schule zu Stein=
bach dient, freie Wohnung nebst jährlichen 50 fl. Unterstützung.

Diese bescheidenen Kapuziner, welche an die Kirche gegen
Süden eine Art Krypte zu ihren Beerdigungen bauten, starben
in dem ersten Viertel dieses Jahrhunderts vollends aus.

Eine den Zwecken der Stifter mehr entsprechende und
würdige Verwendung dieser Räume ist in jüngster Zeit realisirt
worden.

Seit dem 27. September 1861 ist St. Gülgen in den Besitz des Mutterhauses der barmherzigen Schwestern von der Regel des heiligen Franz von Assisi übergegangen.

Dieser Orden, für Württemberg um's Jahr 1849 zu Ehingen an der Donau in's Leben gerufen, hat sich mittelst Mühen und Opfer, namentlich durch einen gewandten, von solcher Mission inspirirten Mann, der jetzt noch als Superior an der Spitze sich befindet, in der Art ausgebreitet, daß derselbe 14 Filialhäuser zählt.

Der Zweck dieses Ordens besteht darin, daß dessen Mitglieder unter Einlage ihres Vermögens in denselben Kranke jeder Confession unentgeltlich verpflegen, und diese Pflichten insbesondere gegen die Aermsten, von Stiftungsmitteln verlassenen oder wenig unterstützten üben.

Die Vorsorge dieser Ordensschwestern bei Kranken erstreckt sich gleichfalls auf Besorgung des Hauswesens, Erziehung der Kinder und verfolgt daher auch einen socialen Lebenszweck.

Die barmherzigen Schwestern haben es durch eigene Geldmittel und Anstrengungen dahin gebracht, die Kirche zu St. Aegidii jedenfalls unter die hervorragendsten noch bestehenden Basiliken Deutschlands zu zählen, der Gottes-Verehrung und dem Alterthumsfreunde wieder zugänglich gemacht zu haben.

Möchte es daher gelingen, diese geweihte Stätte mittelst eines in der Apsis aufzustellenden entsprechenden Hochaltars, ferner durch Restauration der Fresco-Bilder an den Seitenwandungen des Hauptschiffes in alter Pracht wieder hergestellt zu sehen.

Druck von Emil Schwend in Hall.

1867.

www.ingramcontent.com/pod-product-compliance
Lightning Source LLC
Chambersburg PA
CBHW021523090426
42739CB00007B/745